図解入門ビジネス

Shuwasystem Business Guide Book

How-nual

最新 パーパス経営の基本と実践がよくわかる本

効果的な取り組み方法が押さえられる

松本 康一郎 著

秀和システム

●注意

(1) 本書は著者が独自に調査した結果を出版したものです。

(2) 本書は内容について万全を期して作成いたしましたが、万一、ご不審な点や誤り、記載漏れなどお気付きの点がありましたら、出版元まで書面にてご連絡ください。なお、2024年9月までの情報を基に作成しております。

(3) 本書の内容に関して運用した結果の影響については、上記(2)項にかかわらず責任を負いかねます。あらかじめご了承ください。

(4) 本書の全部または一部について、出版元から文書による承諾を得ずに複製することは禁じられています。

(5) 商標
本書に記載されている会社名、商品名などは一般に各社の商標または登録商標です。

はじめに

「これだ、私が探し求めていたものは！」

「こんな生き方、とても魅力的で心を惹かれる」

「このパーパス、この生き方を、自分自身のものとして家族にも胸を張って伝えたい」

憧れ、生涯を捧げたいと思えるようなこと——私たちはそのようなパーパスを分かち合いたいと期待します。

しかし、多くの企業では、理念やパーパスが浸透せずにいます。組織への浸透方法に悩む経営者は多く、自社で取り組んでも成功するか不安を感じる方も少なくありません。創業者でもカリスマ経営者でもない立場で、自分にその役割が果たせるのかと不安を抱える方は多いでしょう。また、若い２代目や３代目の経営者においては、どのようなパーパスを策定し、社員をどのように導けばよいのか迷うケースが少なくありません。

本書は、あらゆる立場の経営者が自信を持ってパーパスを浸透させて、素晴らしい企業文化を築くための具体的な方法を示します。

全部で７章の構成となっており、第１章では、パーパス経営とは何かについてわかりやすく解説します。そして、その必要性が高まっている背景や効果について、具体的な事例を交えて紹介します。

第２章では、パーパス経営を実践する際に直面しやすい課題と、その対処方法について解説します。特に、パーパスをどのように組織全体に浸透させるかは、重要な課題の１つです。

第３章はパーパスを策定するためのステップを示します。

第４章では、パーパスの有効な浸透手法として「パーパスブック」を紹介します。パーパスを浸透させるための具体的な手法について詳述した情報は少ないことから、本書の大きな価値となっています。

第５章はパーパスブックを使ってパーパスを浸透させる方法を具体的に説明

します。

　第6章はパーパスブックの作成ガイドです。パーパスブックに入れるべき項目とページサンプルを示します。

　第7章では、パーパス経営の成功事例を紹介します。パーパス経営で成功しているユニークな企業の例を通じて実践のポイントを解説します。また、日本企業の例だけではなく、成長著しいベトナムで、日本的なパーパス経営を取り入れて飛躍するベトナム企業もご紹介します。

　なお、第1章、第2章、第3章、第5章では「部門のパート」を設けています。「部門のパート」では部門リーダー向けにパーパス経営の実践方法を解説します。

　パーパス浸透は経営者だけの役割ではありません。本書では、経営者向けの情報が多い中で、パーパス浸透についての部門リーダーの役割についても解説しました。

　多くの従業員は「生きる意味」を求めています。その道を照らす「何か」との出会いを待っているのです。その「何か」と出会うことで、人は生きる意味や働く意味を深く理解し、心からの幸せを見出します。

　どうか社員と共にパーパスを創り、分かち合ってください。そして、ビジネスが本来持つ生き甲斐と幸せを創造しましょう。

　本書が、その一助となれば幸いです。

2025年2月　松本　康一郎

図解入門ビジネス
最新 パーパス経営の基本と実践がよくわかる本

はじめに ……………………………………………………………… 3

1章　パーパス経営の基本

01　パーパス経営とは ……………………………………………… 10

02　パーパス経営が求められる理由①時代の変化……………… 13

03　パーパス経営が求められる理由②消費者の変化…………… 16

04　パーパス経営が求められる理由③組織の変革の必要性…… 19

05　ミッションや経営理念等との違い…………………………… 23

06　パーパス経営が企業にもたらす効果①
　　従業員のモチベーション・組織力の向上…………………… 27

07　パーパス経営が企業にもたらす効果②
　　経営者のリーダーシップ・推進力の向上…………………… 29

08　パーパス経営が企業にもたらす効果③企業風土の向上…… 31

09　パーパス経営が企業にもたらす効果④企業価値の向上…… 33

10　パーパス経営の主な成功事例①ソニー …………………… 35

11　パーパス経営の主な成功事例②
　　ザ・リッツ・カールトンホテルカンパニー ……………… 39

12　パーパス経営の主な成功事例③パナソニック……………… 43

13　〈部門のパート〉パーパス経営における部門の役割①
　　自社のパーパスが明確な場合 ……………………………… 46

14　〈部門のパート〉パーパス経営における部門の役割②
　　自社のパーパスが明確でない場合 ………………………… 49

2章　パーパス経営実践の課題と対応

01　パーパス経営はなぜハードルが高いのか…………………… 52

02　パーパス経営の３つのハードル①
　　経営者自身の本音の思いのこもったパーパスを言語化すること ……… 54

03 パーパス経営の3つのハードル②
　パーパスを従業員に浸透させること……………………………………… 56

04 パーパス経営の3つのハードル③
　経営者自身がパーパスの実現に情熱と志を持ち続けること ………… 58

05 パーパス経営でつまずきやすいポイント①
　他の責任感に追われるうちにパーパスが見えなくなる ……………… 60

06 パーパス経営でつまずきやすいポイント②
　パーパスを作成する際に美辞麗句を並べてしまう ……………………… 62

07 パーパス経営でつまずきやすいポイント③
　策定時にプロジェクトとして従業員に丸投げしてしまう ……………… 64

08 パーパス経営でつまずきやすいポイント④
　従業員に浸透させる方法がわからず活かされない ……………………… 66

09 パーパス経営でつまずきやすいポイント⑤
　経営者の決断や行動が作成したパーパスからずれる …………………… 68

10 〈部門のパート〉パーパス経営で部門がつまずきやすいポイント①
　部門展開の仕組みや方法が不明確（1） …………………………………… 70

11 〈部門のパート〉パーパス経営で部門がつまずきやすいポイント②
　部門展開の仕組みや方法が不明確（2） …………………………………… 72

3章　パーパスを策定するためのステップ

01 パーパス策定までの全体の流れ　………………………………………… 76
02 幹部社員にパーパスのレクチャーをする………………………………… 79
03 自社の創業の志、歴史を振り返る　……………………………………… 81
04 従業員の思いや価値観を聞く　…………………………………………… 83
05 いま携わっているビジネスを見つめ直す ……………………………… 86
06 経営者自身の思いや欲望をシェアする…………………………………… 88
07 複数のチームでパーパスを作成して発表する…………………………… 90
08 経営者がパーパスのたたき台を作成してチームに発表する ………… 93
09 策定後のステップ①ビジョンをつくる ………………………………… 96
10 策定後のステップ②バリューをつくる ………………………………… 98
11 策定後のステップ③ストーリーをつくる ……………………………… 100
12 策定後のステップ④人事評価基準をつくる…………………………… 102

13 〈部門のパート〉部門長が果たすべき役割：
　　パーパスとバリューの浸透プロセス………………………………… 104

4章　パーパスの従業員への浸透とパーパスブック

01 「パーパスブック」とは ………………………………………… 108
02 パーパスブックの効果①経営者が伝えたいことが正確に伝わる …… 110
03 パーパスブックの効果②コミュニケーションがとりやすくなる …… 112
04 パーパスブックの効果③従業員の判断基準や行動指針となる ……… 114
05 パーパスブックの効果④従業員のモチベーションが上がる ………… 116
06 パーパスブックの効果⑤経営者や部門長のモチベーションが上がる 118
07 パーパスブックの効果⑥企業価値が上がる ……………………… 120
08 浸透させるためのポイント①従業員と共に作成する ……………… 122
09 浸透させるためのポイント②パーパスブック導入の目的を明示する … 124
10 浸透させるためのポイント③パーパスブックのメリットを明示する … 126
11 浸透させるためのポイント④
　　目的・メリット・導入予定の説明会を実施する ………………… 128
12 浸透させるためのポイント⑤
　　パーパスブックの策定体制と進捗状況の発信…………………… 130
13 〈部門のパート〉
　　自部門の方針のページを作成しパーパスブックに反映する ………… 132
14 〈部門のパート〉部門別方針のサンプル ………………………… 134

5章　パーパスブックの使い方

01 パーパスブックを使うときの基本的な考え方 …………………… 140
02 毎朝テーマに沿った自分の考えや体験を短く共有し対話する ……… 142
03 朝礼の話と対話の事例① ………………………………………… 145
04 朝礼の話と対話の事例② ………………………………………… 147
05 朝礼の話と対話の事例③ ………………………………………… 149
06 パーパスブックを活用した全社的な方針共有①経営方針発表会 …… 151
07 パーパスブックを活用した全社的な方針共有②研修体系 …………… 153
08 社員の募集、採用に使う ………………………………………… 155

09 パーパスブック委員会をつくり活用を促進する ……………………… 157
10 〈部門のパート〉
   企業のパーパスと個人の希望するキャリアのすり合わせ …………… 159

6 章 「パーパスブック」作成ガイド

01 パーパスブックの構成・基本設定（用紙サイズ・フォント等）・
   作成スケジュール ………………………………………………… 162
02 パーパスブックの内容 …………………………………………… 164

7 章 パーパス経営で成果をあげている企業

01 事例①ベルテクスコーポレーション ……………………………… 190
02 事例② FECON ……………………………………………………… 192
03 事例③東海バネ工業 ……………………………………………… 195
04 事例④天彦産業 …………………………………………………… 197
05 事例⑤ Truong Giang SAPA Group（TGG） ………………………… 200
06 事例⑥わく歯科医院 ……………………………………………… 202

おわりに …………………………………………………………… 206
参考文献 …………………………………………………………… 208
索引 ………………………………………………………………… 209
著者紹介 …………………………………………………………… 211

① パーパス経営の基本

本章ではパーパス経営の基本的な知識と注目されている背景、企業にもたらす効果について解説します。また、経営者だけではなく各部門がパーパス経営においてどのような役割を果たすのかについて説明します。

01 パーパス経営とは

パーパス経営の基本

パーパス経営とはどのようなものか、その定義や関連用語との違いについて解説します。

◆ パーパスの定義

経営理念、ミッション、綱領、社是、社訓、ウェイ、そしてパーパス。企業がなんのためにその事業をするのかを示す言葉はいろいろです。しかし、それぞれを細かく定義することにはあまり意味がありません。いずれも、その企業や経営者の事業に対する強い志を反映したものといえます。

ミッションは本来的には使命という意味なので、「やるべきこと」というニュアンスがあります。一方パーパスはその企業が存在し、「ビジネスを行う本質的な理由は何か」、「世の中になぜその企業が存在すべきなのか」を示すものです。経営理念(**基本理念**)はパーパスと同じで、「この会社は何のために存在しているのか」を示すものです。パーパス、ミッションと経営理念の3つともある目的に向かってそれを達成しようとする志を示しています。

ただし、その志に社会に貢献するという強い思いがなければ、それをパーパスと呼べません。経営理念やミッションは必ずしもそうではありません。「世界最大の○○会社になる」という目標は経営理念やミッションになり得ても、パーパスにはなりません。

ここでは、パーパスは「**その企業が存在し、ビジネスを行い社会に貢献する本質的な理由**」と定義します。単なる利益追求を超えた基本理念です。パーパスは、組織のすべての人々の指針となり、活力を与えるものです。そして、パーパス経営とは、志を共にする従業員が集まって、その実現に向けて努力を重ねる経営です。

次ページの**経営戦略**の構造図に示されているように、パーパスは経営の最上位概念です。経営戦略や戦術、実践の上にある最も重要なものといえます。

パーパス、経営理念、ミッションの関係

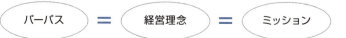

経営戦略の構造図

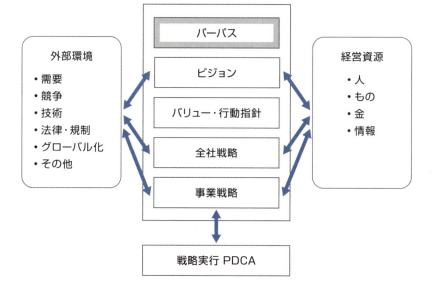

◇ パーパス経営の力

　パナソニック創業者の松下幸之助氏は60年間の経営経験の中で大切なものとして経営理念をあげています。また、米国の経営学者のジェームズ・C・コリンズ氏とジェリー・I・ポラス氏はその著書『ビジョナリーカンパニー』で、卓越した企業の最も重要な共通点は「基本理念を強く信望していること」であると示しています。これは、スタンフォード大学で6年間行った全米企業の統計調査結果に表れています。

　経営の神様と呼ばれて一代で巨大企業を構築した松下氏とスタンフォード大学の綿密な調査結果は同じことを示しています。企業の成功には経営理念が必要であるということです。そして、この経営理念とパーパスは単なる利益追求を超えた企業のもつ志である点で同じであるといえます。

　パーパスは従業員にどれだけ深く信じられているかがより大切です。そのためには言葉が共感を呼ぶものであることであることが必要です。ただ、言葉はパーパスを浸透させる上で必要な一部分でしかありません。例えば、松下幸之助氏の制定した綱領「産業人たるの本文に徹し、社会生活の改善と向上をはかり、世界文化の進展に寄与せんことを期す」は、多くの人の共感を呼んでいます。

　それは、若くして両親の事業の失敗や家族の他界などにより経済的に困窮し、苦労を重ねた末に事業を成功させた松下氏の悲願の思いを反映した言葉だったからです。「私たちの仕事はこの世の中から貧しさをなくすことにある」という彼の心の中の経営理念、パーパスは当時の私や同僚、ひいてはビジネスと関係のない人の心までも打ちました。

　パーパスとして記される言葉は大切ですが、それだけでは不十分です。パーパスを浸透させ活かすための方法も学んでいく必要があります。以降ではそのポイントについて解説していきます。

02 パーパス経営の基本

パーパス経営が求められる理由 ①時代の変化

近年、パーパス経営が求められている理由の1つとして、市場原理主義や株主第一主義からの脱却があげられます。

◇ 市場原理主義・株主第一主義

　1989年に平成に入って以降、91年にバブル経済は崩壊し、日本経済は失われた30年を経験しました。その間世界を覆ったのがグローバリズムという名の**市場原理主義**でした。**株主第一主義**とも言い換えられ、企業の目的は株主に利益をもたらすことであるという考え方です。その源流はアメリカにあり、1976年にノーベル賞を受賞したアメリカの経済学者でシカゴ大学の教授であったミルトン・フリードマンが提唱しています。

　筆者は1993年にシカゴ大学のビジネススクールで学んでいますが、当時のアメリカのビジネススクールはシカゴ大学に限らずほとんどが株主第一主義の考え方でした。実際にそこで学んだ印象は、非常に優秀な教授陣と生徒達が経営や株式市場のメカニズムを純粋に科学的、論理的に徹底的に突き詰めて学んでいる姿です。そのことが、世界の経営学や経済学に数々の素晴らしい進歩と成果をもたらしていました。

　筆者が留学する前年にゲーリーベッカー、留学した年にロバートフォーゲル、卒業年にロバートルーカスと毎年のようにノーベル賞受賞者を輩出していました（2024年時点ではシカゴ大学は通算100名を超えるノーベル賞受賞者を輩出しています）。つまり、市場の原理を信奉する資本主義が前提にあり、それが良いとか悪いとかという議論や意識はもっていなかったといえます。もともとパナソニックで松下幸之助氏の考え方を徹底的に叩き込まれた筆者は、なぜビジネススクールで経営を学ぶのに、経営理念についてもっと重点的に学ばないのか疑問がありました。

　しかし、世の中はこの30年で大きく変化しました。ひたすら株主のために利益を追求してきた企業のあり方が、この世の中に大きなひずみを生み出しました。金融機関も経営者も短期の利益を追い求め、企業を商品のように売買して巨利をむさぼるマネーゲームは、多くのまじめに働く人たちに厳しい人

生を強いました。より安く、より多くのものを生み出すために世界中の資源が開発され、廃棄不能なものを大量に世界に供給しました。その結果、環境問題は深刻化し、貧富の差は拡大していったのです。そして、こうした状況への対応が世界的に求められるようになっていきました。

◇ 潮流は変わった

　米主要企業の経営者団体、ビジネス・ラウンドテーブルは2019年8月19日、「株主第一主義」を見直し、従業員や地域社会などの利益を尊重した事業運営に取り組むと宣言しました。株価上昇や配当増加など投資家の利益を優先してきた米国型の資本主義にとって大きな転換点です。

　ビジネス・ラウンドテーブルは、同団体の会長を務めるJPモルガン・チェースのジェームズ・ダイモン最高経営責任者（CEO）のほか、アマゾン・ドット・コムのジェフ・ベゾスCEOやゼネラル・モーターズ（GM）のメアリー・バーラCEOなど181人の経営トップが名を連ねています。

　この宣言は米経済の根幹を成す「資本主義のかたち」を大きく見直すものです。米ビジネス・ラウンドテーブルは1997年からは「企業は主に株主のために存在する」と明記してきただけに、その変化は大きいものがあります。地球環境の変化や人々の富の偏在に対する怒りは、これまでのやり方を許さないということでしょう。株主だけに重きを置く経営はもう過去のものになりつつあります。

　ここにきて、ようやく単なる利益追求のためだけにビジネスをするべきではないという考え方が世界的に浸透しつつあるといえます。地球環境や従業員やサプライヤーなど株主以外のステークスホルダーも大切にしなければいけない。さらに、地球や社会に役立つ事業を志すべきであるということを考えるようになりました。そして、このような考え方こそがパーパス経営なのです。

パーパス経営の基本 **1**
02 パーパス経営が求められる理由①時代の変化

時代の潮流はパーパス経営に

株主第一主義

1976年
ミルトン・フリードマン シカゴ大学教授 ノーベル経済学賞受賞
「企業の目的は株主に利益をもたらすこと」

1997年 ビジネス・ラウンドテーブル
「企業は主に株主のために存在する」

限界

2008年　リーマンショック

2010年代
気温上昇、海面上昇、ハリケーン、台風、干ばつ、森林火災など
異常気象が顕著に

パーパス経営に

2015年　国連サミット 持続可能な開発目標（SDGs）採択

2019年　ビジネス・ラウンドテーブル
「株主第一主義を見直し、顧客、従業員、サプライヤー、地域社会
などすべてのステークスホルダーの利益を尊重した事業運営に
取り組む」

2021年
フォーチュン売上高トップ500のうち、トップ100企業の4分の1
以上がパーパスを掲げる

パーパス経営が求められる理由
②消費者の変化

Z世代やミレニアル世代などにみられる消費行動の変化や企業行動の可視化、事業の差別化などへの対応も、パーパス経営が求められる要因となっています。

◆ Z世代やミレニアル世代の台頭

　消費者の価値観の変化、環境意識の高まり、情報の透明性、消費者のエンゲージメント、そして市場競争の激化。これらはすべて、企業がなぜパーパス経営を採用する必要があるのかを示しています。ここでは、パーパス経営が求められるようになった要因について、これら消費者に関する視点からみていきます。

　現代の消費者は、企業が社会的責任を果たしているかどうかに強い関心を持っています。特に消費の中心になりつつある**Z世代**(1996～2012年までに生まれた世代)や**ミレニアル世代**(1980～1995年までに生まれた世代)は、環境問題を自分たちの将来に関わる大きな課題としてとらえています。

　特にZ世代は、幼い頃から地球温暖化による異常気象とそれによって起こる自然災害や、東日本大震災のような価値観を覆される出来事を目の当たりにしてきました。学校教育の中でこれらの問題が扱われてきたことからも影響を受けています。

　これらの世代は、企業が環境問題や社会的公正、人権問題にどのように対応しているかを重要視します。企業のパーパスが明確で、それが実際の行動と一致しているかどうかが、消費者の購入意思決定に大きな影響を与えるのです。このようにZ世代やミレニアル世代は、自分たちの消費行動を社会貢献につなげたいという意識があります。

◆ 可視化される企業行動

　さらに、インターネットとSNSの普及により、企業の行動が容易に可視化されるようになったことも大きな変化といえます。Z世代は生まれたときからインターネットやデジタルデバイスがあり、SNSを使いこなし、情報収集が得意です。企業の倫理的な行動や不正行為はすぐに公にされ、ブランドイメー

ジに大きな影響を与えます。

　そのため、企業はパーパスを明確にし、それに基づく行動を実践することが求められています。

◇ 差別化に対する影響

　モノがあふれる現代では、価格や機能だけでは他社と差別化がしにくくなっていきていることも、企業経営に影響を与えています。例えば、Z世代やミレニアル世代の消費者は情報リテラシーが高く情報収集能力に長けているため、商品やサービスの本質的な価値を判断するのが得意です。オンラインショッピングやオンライン決済が中心です。そのため、従来のマーケティング手法では商品やサービスを差別化するのが難しくなってきています。

　一方、Z世代の消費者は、自分の価値観や信念と一致する企業に共感し、強いエンゲージメントを持つ傾向があります。企業のパーパスが消費者の価値観と一致する場合、その企業に対するロイヤルティが高まり、ブランド忠誠度が向上します。

　多くの市場で競争が激化する中で、単なる製品や価格競争ではなく、企業の存在意義や社会的使命による差別化が重要になっています。パーパス経営を実践することで、競合他社との差別化を図り、消費者の支持を得ることができます。加えて、投資家やその他のステークホルダーも、企業の社会的インパクトを重視するようになってきました。企業がパーパス経営を実践し、社会問題に積極的に取り組むことで、ステークホルダーからの支持を得やすくなります。

　こうした背景から、消費者の変化に対応するために、企業はパーパス経営を採用し、自社の存在意義や社会的使命を明確にすることが求められています。小手先のテクニックはすぐ見破られてしまいます。企業が本気でその事業のために仕事をするという強い志を持つことが重要なのです。それが、消費者の信頼を獲得し、長期的な成長と持続可能な発展を実現するための鍵となります。

パーパス経営が求められる理由とその背景

主要要因	変化	パーパスが必要な理由
①Z世代やミレニアル世代の台頭	● 消費者の価値観の変化 ● 環境意識の高まり ● 情報の透明性 ● 信念に一致する企業に強いエンゲージメントを持つ傾向	企業のパーパスと行動が購入意思決定に影響。社会貢献を重視
②インターネット・SNSの普及による企業行動の可視化	● 企業倫理や不正の公開	パーパスを明確にし、実践する企業が信頼される
③差別化の難しさ	● 価格や機能での差別化が難しい中、企業の存在意義や使命が注目される	パーパス経営により競合との差別化、ブランド忠誠度が向上

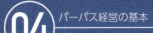

パーパス経営が求められる理由
③組織の変革の必要性

人材不足やテクノロジーの発展などの環境変化により、組織変革がより重視されるようになったこともパーパス経営が求められる背景の1つといえます。

◇ 組織変革が必要とされる背景

　企業における組織の変革が必要とされる背景は多岐にわたります。主な要因としては以下のようなものがあります。

①必要な人材を採用し、育てることが難しい
　少子高齢化の構造の中で、必要な人材を採用することが年々難しくなってきています。毎日のようにTVで流れる転職エージェントのCMでもわかるように、以前より転職のハードルは非常に低くなっています。
　つまり、せっかく採用して育てても、社員は簡単に会社を辞めて他の会社に転職してしまう。加えてハラスメントに対するガバナンスの強化ということもあり、上司が若い社員に自信を持って厳しい指導ができないという傾向もあります。
　また、ミレニアル世代とZ世代が会社の現場を支える中心になりつつあります。これらの世代は社会貢献が大切だという価値観を持っています。バブル崩壊以降の世界で育っていて、それ以前の世代と考え方が違います。
　以上のような変化や違いを踏まえて、組織をより魅力的で働きがいを与える場に変革していくことが求められています。

②テクノロジーの劇的な進化
　AI、SNS、動画配信、クラウド、IoT、メタバース等デジタル技術は恐ろしいほどのスピードで進化しつつあります。この流れは金融業界や小売業界などの業界を大きく変化させようとしています。例えば、銀行や保険、旅行代理店では営業職能が価値を生みにくくなってきました。顧客が自分でオンラインで必要な情報を入手し、必要なものを購入決済できるようになってきています。このような環境の変化の中で、企業はどのように新た

な価値を生みだしていくのかが問われています。

さらに、これからは、AIが急速に進化していきます。人間の脳と同じレベルのAIが生まれるシンギュラリティは2045年とされています。多くの仕事がAIに置き換えられていく可能性があります。企業は生き残るためにも組織をどのように変革させていくかが問われます。

③ESG・SDGsへの取組み

ESGとは、環境(E：Environment)、社会(S：Social)、ガバナンス(G：Governance)の英語の頭文字を合わせた言葉です。企業が長期的に成長するためには、経営においてESGの3つの観点が必要だという考え方が世界中で広まっています。

温暖化や水不足などの環境問題、人権問題や差別等の社会問題など、人類は様々な課題に直面しています。こうした中、持続可能で豊かな社会の実現を目指す「ESG」への取り組みは、今後も拡大していくと考えられます。一方、**SDGs**とは、2015年9月の国連サミットにおいて採択された「持続可能な開発目標(Sustainable Development Goals)」のことです。2030年までに持続可能でよりよい世界を目指す国際目標で、17のゴールと169のターゲットで構成されています。

すなわち、企業がESGに配慮した経営をすることで、SDGs達成に貢献できる、ということです。企業はこのように環境問題や社会問題に対して責任ある活動をすることが求められています。

◇ パーパス経営による組織変革が求められる理由

それでは、こうした要因に対してパーパス経営によってどのような対応ができるのかをみていきましょう。

①人材の採用と育成

Z世代やミレニアル世代は、社会貢献の意識が高いです。その企業がどのように社会の役に立っているかを企業を評価するときの基準にしています。「その企業が存在し、ビジネスを行い社会に貢献する本質的な理由」を明確に示して、運用している企業はそれらの世代にとって大きな魅力と求

心力になります。

　教育や指導も上司個人の判断基準ではなくて、パーパスに基いたものであれば、たとえ厳しい指導であっても納得感のある理解は得やすいはずです。松下幸之助氏は『実践経営哲学』において、企業には社会に貢献していくという公な立場があり、その使命感から時に厳しい指導も必要なことを示しています。また同時に、部下には思い切って仕事を任せて、自分の責任と権限において自由に自主性を持って仕事ができるようにすることを説いています。パーパス経営による組織変革は、このように社会に貢献する実感を得ながら、自分を成長させることができる魅力的な職場を創造することにつながります。

②テクノロジーの劇的な進化

　金融機関や小売業界の営業機能などがオンラインに取って代わられつつあります。こうした環境に対応するためにも、パーパス経営の視点が重要になります。

　例えば、独立系の書店では、アマゾンなどの巨大オンラインサイトの台頭により売上を伸ばしづらくなってきました。そこで、ある書店はバーと一体化させて、本好きが集まり語り合える場をビジネスにしています。その結果、本の売り上げのほぼ半分にまでバーの売上を伸ばすことができました。これは絶対にAIで代替不可能な価値の提供です。

　この例では、本と人、人と人の出会いの価値を創造するというパーパスが感じられます。デジタルでは創造し得ない価値を生みだし、社会に貢献する。そのようなパーパスにはコアなファンがつき、企業の成長にもつながります。

③ESG・SDGsへの取組み

　SDGsの目標達成に貢献する経営が社会から求められています。パーパス経営は社会に貢献することがその存在意義であり、目的です。つまり、SDGsの目標達成もパーパス経営の在り方に合致するものといえます。

　男女の平等や人間らしい仕事、生涯学習、持続可能な生産と消費といったSDGsでも掲げられている目標に積極的に取り組むことは、パーパス経営の一環として取り組むべきことです。またそれらの目標に取り組むことは、

同時にパーパス経営の一番大切な部分である従業員のはたらきがい、**モチベーション**、会社に対する愛着や誇りを作り上げていきます。

このように社会の大きな変化の中で、組織変革が求められています。1-1で示した経営戦略の構造図で明らかなように、パーパスは経営の最上位、最重要の概念です。現代社会の変化は世の中の根本的な変化ともいえます。小手先の対応では対処しきれるものではありません。経営の最重要概念から見直して、どのような環境の変化にも対応できる組織にする必要があります。パーパス経営による組織変革にじっくりと腰を据えて取り組むことで、卓越した経営の実現が可能です。

パーパス経営が求められる理由：組織変革の必要性		
環境	パーパスによる変革	効果
● 少子高齢化による人材採用・育成の難しさ ● 若い世代が社会貢献を重視	パーパスに基づく教育が魅力的な職場を創造	パーパスで若い世代を引きつけ、職場の魅力と成長機会を提供
● AIやデジタル技術の劇的な進化がビジネスを変革 ● 新たな差別化の方向性が必要	パーパスでデジタル非代替の価値創造を可能に	パーパスを活用した差別化により企業成長が可能
持続可能な社会の実現に向け、企業ESG／SDGsへの取組みが必要	パーパス経営と一致	SDGs達成を通じて社会貢献を実現し、従業員のモチベーションを向上

ミッションや経営理念等との違い

パーパスに近い概念としてあげられるミッションや経営理念について、それぞれの違いや特徴について解説します。

◇いろいろな定義を俯瞰する

　ミッション、経営理念、パーパス、ビジョン、クレド、ウェイなどいろいろな呼称とそれぞれにいろいろな定義があって混乱しがちです。学術的にもこれが正しい定義だというものはありません。

　しかし、これからパーパス経営をしようと考えている経営者にとっては不安が残ります。以下に諸文献に記されている代表的な定義を示します。

①パーパス
- 「自分たちのありたい姿とはどういうものか」を示すもの
- 揺らぐことのない社会的な存在意義
- 「この組織は何のために存在しているか?」という組織の「Why ?」の部分
- その企業が存在し、業を営む本質的な理由
- 社会において、私たちの会社は何のために存在しているか
- 私たちは、なぜ社会において必要なのか?

②ミッション
- パーパス実現に向けて企業が果たすべき役割
- 私たちは、なぜ社会において必要なのか?
- 世の中に対して果たしていく使命、目的、存在意義
- 企業が責任を持って成し遂げたいと考える任務
- 企業が存在する意味(存在意義)であり、日々果たすべき使命
- そもそも、企業は何のために存在し、利益を出す必要があるのか?
- 自らに課した達成すべき取り組み

③ビジョン

・パーパスを実践し続ける中で訪れる未来のある時点での最高の姿

・X年後に実現していたい状態

・がんばれば実現するかもしれない夢

・ミッション実現のために目指すべき将来像

・企業が目指す具体的な目標

・ミッションを追求し続けた先で実現させたい理想の未来

・多くの人に共有・共感される、未来への洞察を信念にまで高めた末に生まれた、自らが心から達成したいと願う、あるべき未来像

④バリュー

・「日々何を意識するか」「どう仕事をするか」「何を大切にして日々行動するか」

・組織が大切にしたい価値観

・ミッション、ビジョンを体現するための価値観、行動規範

・ミッションを遂行するために社員一人ひとりが大切にすべき価値

・取り組みにおいて優先すべき価値基準

◇ 定義を整理する：パーパス、ミッション、経営理念

これらの定義から理解できることは、パーパスは企業が社会に存在する理由を示したもので、ミッションはそのパーパス実現のためにすべき任務を示したものということです（一部のミッションの定義はパーパスと同義のものも見られます）。

パーパス：企業が社会に存在する理由

ミッション：パーパス実現のためにすべき任務

では、経営理念（基本理念）はどうでしょうか？　1-1で取り上げた松下氏と『ビジョナリーカンパニー』は下記のように定義しています。

松下幸之助氏：「この会社は何のために存在しているのか。この経営をどう

いう目的で、どのようなやり方で行っていくのか」という点についてのしっかりとした基本の考え方

ビジョナリーカンパニー：「われわれが何者で、なんのために存在し、何をやっているのか」を示すもの、「基本理念＝基本的価値観＋目的」

　卓越した成功を収めた企業の経営理念は、自社の存在意義を示すパーパスを示します。同時に大切にすべき価値観であるバリューを示しています。

> 経営理念＝パーパス＋バリュー

　また、ビジョンは未来に達成したい理想を示すビジョンと、X年後に達成する具体的な計画を示すものの2つがあります。

> ビジョンとは「実現させたい理想の未来」
> ビジョンとは「X年後に実現させたい具体的目標」

　バリューの定義には、あまりぶれがありません。

> バリューとは「組織が大切にする価値観、行動規範」

◇ どの定義を用いるか

　経営者や幹部、関連する実務者にとってはシンプルでわかりやすく、自分たちの強い思いや志をこめやすい定義が良いでしょう。それぞれの定義の微妙なニュアンスについて拘泥するのではなく、どのような思いを込めるかを検討することに注力すべきです。
　以下に、パーパス、ミッション、ビジョン、バリューの関係を示しておきます。

パーパス、ミッション、ビジョン、バリューの関係

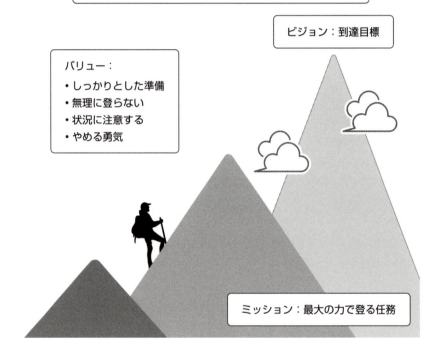

06 パーパス経営の基本

パーパス経営が企業にもたらす効果①従業員のモチベーション・組織力の向上

パーパス経営に取り組むことは一人ひとりの従業員のモチベーションにも影響し、組織力を向上させることにもつながります。

◇ 仕事に対する姿勢が変化する

　パーパスが浸透することで従業員のモチベーションにどのような変化がもたらされるでしょうか。まず、パーパスによって、会社が単なる利益追求を超えた場になります。世の中や人のために働くことの人間としての喜びや充実感を与えられる場になります。

　「その会社は何のために存在するのか?」という問いかけは、つまりそこで働く人たちに「あなたは何のために働くのか?」という問いかけでもあります。その問いかけに一人ひとりが自分のパーパスを考えて、自分で見出します。

　例えば、「わたしは世の中の人たちを喜ばせたい」「素敵なサービスで驚かせてみたい」「笑顔にしたい」「感動してもらいたい」「ありがとうと心からの言葉を聞いてみたい」「この店に来てよかったと思ってもらいたい」「できれば一生忘れることのできない素晴らしい体験をしてもらいたい」といった思いを抱いていれば、「だから、そのために私は働きたい」と考えるようになります。

　また、「未熟だからもっと努力してそういうサービスができる人になりたい」「理想の体験を提供できるようになりたい」など、従業員の仕事への姿勢にも変化をもたらします。一人ひとりに自分が働く意味を深く考えさせるのがパーパスです。

◇ 主体性を伸ばして成長につなげる

　パーパスをしっかりと理解し、自分事としてとらえることができる従業員には、その主体性を伸ばすように指導することで、さらなる成長も期待できます。そのためには、思い切って仕事を任せ、自分の責任と権限において自主性を持った仕事ができるようにしていくことが大切です。

　人材育成においては、「どんな小さな仕事でも経営的な感覚を持ってでき

る人を育てること」が重視されます。何でもあれこれ指示するのではなく自主的に仕事をさせることで、その人は自分でいろいろ考え工夫するようになり、その持てる力が十分発揮され、成長につながるのです。

　偉大な成功、卓越した成功を収めた企業の成功の最大の理由は、従業員の力を最大限に引き出したからです。先に紹介した松下氏もアメリカのウォルマート、ディズニー、プロクター＆ギャンブルといった偉大な企業も同じことを示しています。パーパスという基本の方針をしっかり共有する。そしてそのパーパスに則して、各自が自主的に仕事をしていくということです。

　その結果、一流の商品やサービスを生み出せるようになることが、パーパスが企業にもたらす最大の効果といえるでしょう。

パーパス経営の効果

- ・Ｚ世代に響く社会貢献と自己成長の場
- ・パーパスが生むデジタル化を超える独自の価値
- ・パーパス経営とESG・SDGsの理念の一致

07 パーパス経営の基本

パーパス経営が企業にもたらす効果②経営者のリーダーシップ・推進力の向上

パーパス経営は、それぞれ別の方向性を向いている従業員をまとめる行動指針となり、リーダーシップを発揮しやすくなる効果ももたらします。

◇ 従業員の行動指針となる

　パーパスは経営者のリーダーシップや推進力を向上させます。10の力を持った人が10人集まって100のことをする——当たり前のようですが、実は多くの会社や組織ではそのようにいかないことも多いです。10人がそれぞれ違う考えで、同じ目標にむけて足並みがそろわないということがよくあります。例えば、それぞれの部署の従業員が下記のように考えていたらどうでしょうか。

・営業部が代金回収までしっかりやらないといけないのにやってくれない
・代金回収は経理部門の仕事ではないか
・ちゃんと売れる商品を技術部門で開発してくれないから売れない
・営業部のマーケティング力に問題があるから売れないのではないか
・売れないのはリードタイムが長すぎる製造部門が原因だ
・営業のフォーキャストの精度に問題があるから、在庫が増えて仕方がない
　これでは100どころか、20や30といった総合力になってしまいます。

　一方で、パーパスは全員に対して向かうべき方向性を示します。パーパスに基いた行動指針があって、全員が同じ方向を向けばそのパワーはすごいものになります。

　「みんながいるから、ここで働きたい!」「みんなと一緒にすごいことをやってみたい!」「ここにいるから私は成長できる。それが嬉しい」「この会社で働くことを、私は誇りに思う」など、従業員の積極的な姿勢や発言が自然に生み出される職場を創造できます。

　特に1-3でも述べたように、Z世代やミレニアル世代は、社会貢献の意識が高いです。その企業がどのように社会の役に立っているかを企業を評価するときの基準にしています。そういう意味でもパーパスのもつ力はますます

大きくなりつつあります。

　また、女性や外国人やシニアの就労が増えていきつつあり、ダイバーシティ
はすごい勢いで進みつつあります。ベクトルをしっかりと示す必要性は高まっ
ています。

◇ 経営者が熱意を持って浸透させることが必要

　ただし、このようなパーパスの素晴らしい力を発現し享受するには条件が
あります。それは、パーパスを浸透させていくプロセスの中で、経営者や経
営幹部の判断や行動がパーパスに則したものでないといけないということで
す。

　そして、経営者は最高の熱意を持ってパーパスを浸透させていかなければ
なりません。つまり、パーパスが経営者の心の底からの思い、信念である必
要があります。経営者個人のパーパスと会社のパーパスとが一致しなければ
いけません。そういうものがなければ、力強い指導はできないのです。

　したがって、経営者の課題はどのようにして強い熱意や信念を持つかとい
うことになります。いまの熱意のレベルが60点なら、それをどのようにして
80点、100点、120点に上げていくのか？　従業員の教育も大切ですが、
自分自身の教育も大切だということです。

　いまのレベルが低くても決して悲観する必要はありません。人は人を教え
る過程で最も深く学びます。教えることは学ぶことであり、経営者にとっても
それは同様です。経営者が経営理念を教えたり、伝えたりする過程で、実は
経営者自身が一番深く学ぶことにつながります。本書では、その具体的な手
法について述べていきます。

08 パーパス経営の基本

パーパス経営が企業にもたらす効果③企業風土の向上

パーパス経営を実践するには従業員のやる気を引き出す仕組みづくりが必要となりますが、そうした取り組みことそが企業風土の向上につながります。

◇ 具体化させる仕組みをつくる

　企業経営に関する考え方として、「経営理念が自社内で確立したら、もう企業は50％成功したようなものだ」というものがあります。その上で、「従業員一人ひとりのやる気と個性を生かし切る仕組みをつくり企業文化ができれば30％成功する。そして、残り20％は戦略・戦術による」とされています。つまり、企業経営は経営理念をベースに従業員の力を十分発揮させることができれば、80％成功したようなものだということです。そのためには、経営理念と従業員のやる気を出させる仕組みが必要になります。

　経営理念やパーパスは思いや志を示すので、抽象的で象徴的な文言になります。それを具体化して仕組みとして展開しなければなりません。企業はここでつまずくことが多いのです。

　こうした仕組みの例として、筆者が勤務していた頃の松下電器にあった「事業部制」があげられます。これは、担当する製品に関する製造から販売に至る全責任と権限を事業部に与えるというものです。

　事業部制では経営理念が単なる抽象的な文言にとどまらず、具体的な活動の基盤として機能します。つまり、理念はビジョンへと具体化され、さらに経営計画に落とし込まれます。事業部がそれを実践することで、理念は具体的で実践的なアクションへと生まれ変わるのです。

　また、事業部制とともに、働く一人ひとりに担当する仕事について全責任と権限を与えるという「社員稼業」の考え方も徹底されていました。これは、一人ひとりは担当する仕事の社長であるという考え方です。例えば、製造ラインの社員であれば自分が担当する工程の社長になるということであり、お客様は自分の後の工程の担当者ということになります。すると、お客様を喜ばせるための工夫について考えるようになり、自主的に次工程を学び、ひいては全行程について自然と学ぶようになります。まわりのメンバーはその自

主的な学びについて、それが経営理念に則した行動なので、みんなでサポートします。そして、その社員は成長するに伴って、さらに広い責任と権限を与えられるようになります。

　そのほかにも、従業員の自主性を育てる取り組みとして、若手社員は希望があれば経営理念を学んだらすぐに海外へ派遣され、しかも本社の部課長クラスの重要な仕事を一手に任せてもらえるといったことも行われていました。海外事業は象徴的な例ですが、従業員の生き甲斐と意欲を掘り起こすこのような仕組みを構築していくことはとても意義深いことです。

　パーパス経営に取り組むことは、従業員のやる気を引き出す仕組みづくりにもつながります。従業員一人ひとりに一生捧げて悔いのない仕事を工夫してつくることは、企業の責務だと考えます。そして、そのような仕組みは企業風土を生み出します。その土台となるのが、従業員が誇りを持てるパーパスなのです。

パーパス経営が企業にもたらす効果：企業風土の向上

企業風土向上の重要要素	手法	効果
①経営理念の浸透を土台とした、従業員の意欲と個性を活かす仕組みづくりで企業風土を醸成	事業部制はやる気と個性を引き出し経営を任せるための仕組み	理念に基づいた行動が組織全体を支え、企業風土を形成すると経営は 80％ は成功する
②社員稼業の徹底	全責任と権限を与え、従業員一人ひとりが担当分野の社長として行動	自主的な学びを促進し、従業員の成長と責任感を育成
③自主性を育てる取組み	海外派遣や重要な仕事を若手社員に任せるなど、生き甲斐と意欲を掘り起こす仕組み	従業員が誇りを持てるパーパスを基盤に企業風土を醸成

09 パーパス経営の基本

パーパス経営が企業にもたらす効果④企業価値の向上

パーパス経営によって強い企業文化をつくることができた場合、企業の利益率にも好影響を与えるという研究結果が出ています。

◇ 卓越した企業には強い企業文化がある

　ハーバードビジネススクールのジョン・P・コッター教授とジェームス・L・ヘスケット教授は企業文化が企業の財務的なパフォーマンスにどのような影響があるかを調査しました。彼らの著書『Corporate Culture & Performance』では、11年間、22業種、200社以上の優良企業を対象に行い実証的な事実に基づく調査の結果を示しています。

　この調査によると、強い企業文化を持つ企業はそうでない企業と比較して売上を4倍、雇用を8倍、株価を12倍伸ばしました。そして、純利益は強い企業文化を持つ企業が756%伸ばしたのに対して、そうでない企業は1%でした。

　スタンフォード大学のジェームズ・C・コリンズ教授とジェリー・I・ポラス教授は広く尊敬されていて、設立後50年以上を経過しており、社会に大きな足跡を残している企業をビジョナリーカンパニーとして全米から18社選びました。そして6年がかりで超優良ではないが優良な同業種の比較対象企業との差を徹底的に調査しました。その結果、卓越した企業に共通していたことは、基本理念(経営理念)をもっていたということです。そして、その基本理念を非常に深く信じていて、その基本理念を貫き通したところに大きな特徴がありました。

　これらの会社の財務的なパフォーマンスは、他を圧倒するものです。例えば、1926年に市場ファンド(日経平均のようなもの)と比較対象企業ファンド、ビジョナリーカンパニーのファンドに1ドルだけ投資したとします。すると1990年末には、市場ファンドは415ドル、比較対象企業ファンドは955ドル、ビジョナリーカンパニーのファンドは6,356ドルにもなったとされています。これは比較対象企業ファンドの6倍以上、市場ファンドの15倍以上に達します。

◆ 企業文化の浸透はその企業の利益率を高める

　日本企業を対象にした調査では、早稲田大学の広田真一、久保克行、宮島英昭の各教授が共著で経済産業研究所のディスカッションペーパーを出しています。一部上場企業から企業文化の強い企業64社とそうでない64社を選定して、1986〜2000年までのパフォーマンスと企業文化の関係性を統計的に分析しています。企業文化の浸透とROA（総資産利益率）には強い正の相関関係があることがわかりました。企業文化の組織内への浸透は、企業の利益率を4分の1強高めるということになることが実証されています。

　カナダのマクマスター大学のクリストファー・K・バート教授も、ミッションステートメントと企業の望ましいパフォーマンスに相関関係があるとの調査結果を示しています。ただ、重要な点として単にミッションステートメントが存在するだけではだめで、それらを従業員のモチベーションに変換する中間変数（具体的な行動に帰るシステム）が必要だとしています。

　このように、企業文化やミッション、基本理念とその表現は異なりますが、単なる利益追求を超える社会的貢献を目指すパーパスの浸透が、結果として卓越した利益をもたらすことになります。

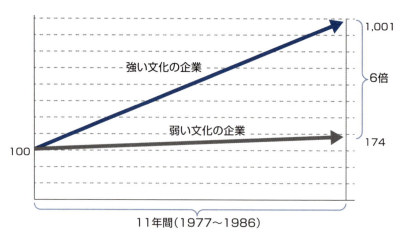

企業文化の強さと株価

出所：『Corporate Culture & Performance』John P.Kotter James L.Heskket、22業種、207社のリサーチ結果

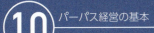

パーパス経営の基本

パーパス経営の主な成功事例①
ソニー

ここからはパーパス経営の主な成功事例をみていきます。まず、ソニーの取組みを紹介します。

◆ パーパスの制定後に業績向上

　ソニーは2019年にパーパスを制定して以来その業績が凄まじい勢いで伸びています。2019年度の連結決算は売上8.3兆円、営業利益8,455億円ですが、2023年度の決算は売上13兆円、営業利益1兆2,000億円となっています。5年間で売上を5兆円、営業利益で3,600億円も伸ばしています。

　ソニーはエレクトロニクス事業以上に、いまやアニメ・モバイルゲームなどのコンテンツ事業からの売上・収益が大きい企業になっています。パーパスはこの成功を支えている理由の1つと考えられます。

　2021年に年間の純利益が初めて1兆円を超えたときに、ソニーグループの会長兼社長CEOの吉田憲一郎氏は、就任以来3年間の成果は、単に業績が伸びたことではなく、パーパスがグループ内に定着したことだと明言しました。トップがパーパスの策定と浸透を一番重要視していることがわかります。

◆ 経営者による発信と各部門への浸透が鍵に

　ソニーのパーパスの事例から学ぶべきことはその際立ったパーパスの浸透度です。ソニーグループでは、世界にいる11万人もの従業員の8割以上が自社のパーパスをポジティブにとらえています。従業員のエンゲージメントのレベルを示す指標も2019年の85%から2022年には89%と向上しています。多様な国、人種の従業員の共感を得ているパーパスはどのように生まれ、浸透していったのでしょうか。

①経営トップが主導し、広く意見を求める

ソニーのパーパスは、2019年1月に発表されました。「クリエイティビティとテクノロジーの力で、世界を感動で満たす」というもので、これに併せて「夢と好奇心」「多様性」「高潔さと誠実さ」「持続可能性」という4つの「バリュー(価値観)」を制定しています。

このパーパスは18年4月にトップに就任したソニーグループの会長兼社長CEO(最高経営責任者)の吉田憲一郎氏が中心になって策定を推進したものです。就任後、吉田氏は従業員向けのブログを開設し、世界約11万人の従業員に呼びかけて、トップ主導でパーパスづくりに取り掛かりました。世界の従業員から意見を募り、対話を繰り返しました。また各事業部門のトップと議論もしました。限られた経営層だけで決めるのではなく、広く従業員の意見やフィードバックの収集を重視したプロセスです。それは、策定後の組織内への浸透を意識していたからでしょう。

②シンプルで覚えやすい言葉

ソニーのパーパスはシンプルで覚えやすく、理解しやすいです。パーパスを考えていく上でシンプルにするということは大切です。従業員にとってわかりやすくて、自分事として捉えられることは、策定後の浸透に大きく影響します。従業員や経営幹部と話し合いながら、考え抜かれて生まれてきた言葉だけに、非常にわかりやすく、シンプルです。

③パーパスの浸透・定着を推進する体制

パーパスの設定と浸透のサポートをしたのは、CEO室や人事部、ブランド戦略部、広報部などで立ち上げたP&V事務局です。また、各事業部門にも推進担当を設置し、各事業会社への浸透策を展開しています。

P&V事務局は1年に1回、社内におけるパーパスの浸透度を調査しています。同時に従業員のエンゲージメントレベルも調査し、その結果に準じて役員の評価も変わるシステムになっています。

④浸透活動

パーパスの公表時には、従業員向けにCEOがパーパス定義の経緯を語

る動画を配信したり、社内のWEBサイトでも掲載したりしました。また、CEO自らが各拠点をまわり、オンラインでのミーティングを開催し、ブログでも繰り返し発信しました。各事業のトップマネジメントが話をするときに、事業の話をする前にパーパスについて話してもらうようにも働きかけました。

そして、社内報でマイパーパスというシリーズを企画し、事業担当者に自身のパーパスについて紹介してもらうなどで従業員の関心を高める工夫をしました。

⑤各職能や事業部門への落とし込み

パーパスの策定にあたり、P&V事務局内でアイデアのビジュアライズを担当したのが、クリエイティブセンターです。2019年9月には、クリエイティブセンター自体も、パーパスを受けて、デザイン哲学である「ソニーデザインフィロソフィー」を改訂しています。

ソニーグループの人材理念も、パーパス策定後に再定義しました。クリエイティブセンターが人事部門から依頼を受け、21年5月ごろに設定しました。新たな人材理念「Sony's People Philosophy」を発表しています。

また、各事業部門が事業計画を策定する場面では、ソニーグループのパーパスに対して、各事業がどのように貢献していくのかということを考える機会が設けられます。PurposeとValuesはグループ共通ですが、ビジョンは各事業でPurposeに基づいて作るようになっています。Purposeの下にミッションやビジョン、経営の方向性があり、全体の構造がはっきりしているため、事業戦略が練りやすくなります。新たな事業を検討するときも、その事業がパーパスと整合しているかを確認するのです。

ソニーグループのパーパスはこのように言葉だけではなく、事業運営に大きな影響を与え、組織の中に根付いて運用されていきます。経営トップの強いリーダーシップと広く従業員から意見を求める姿勢、シンプルでわかりやすいパーパス、事業運営に組み込まれた浸透のシステムがソニーグループのパーパスの浸透率が高い理由だと考えられます。

ソニーグループのパーパス策定から浸透・定着のメカニズム

パーパスの策定

- ・CEO の強いリーダーシップ
- ・P&V 事務局の取組み
- ・従業員の意見とフィードバックの聴取
- ・経営幹部との議論・対話
- ・シンプルでわかりやすいパーパスの言葉を考え抜く

パーパスの浸透・定着

- ・CEO の強いリーダーシップ
- ・P&V 事務局の取組み
- ・動画配信、社内 WEB、社内向けブログ、社内報でパーパスに関する思いや考え、解説等を発信
- ・各拠点とタウンホールミーティング、オンラインミーティング
- ・事業部門のトップにパーパスを従業員に啓蒙するように働きかける
- ・パーパスに準拠した各職能方針を策定する
- ・各事業部門はソニーグループのパーパスとビジョンに基づいて事業計画をつくる
- ・新しい事業や事業の方向性については、パーパスとビジョンで判断する

11 パーパス経営の基本

パーパス経営の主な成功事例②
ザ・リッツ・カールトンホテル
カンパニー

リッツ・カールトンホテルは、自社独自の価値観や行動指針を示した「クレド」により、
従業員にパーパスを浸透させています。

◆ クレドによって従業員に浸透させる

リッツ・カールトンホテルは1998年にマリオット・インターナショナルの傘下に入りましたが、いまも世界最高峰のラグジュアリーホテルとして、他の追随を許さない卓越したホスピタリティが非常に高い評価を受けています。ドアマンからハウスキーパーまで、すべての従業員はホテルのゲストにサービスを超えるホスピタリティ、感動を与えることを目指して仕事をしています。なぜそのようなことが可能なのか、リッツ・カールトンホテルのシステムについて紹介します。

まず、リッツ・カールトンの有名な企業文化として、「クレド」というものがあります。「クレド」(Credo)は、ラテン語で「信条」や「信念」を意味し、組織や企業が大切にする価値観や行動指針を示す文書、宣言のことを指します。「クレド」は、企業や団体がどのような理念や哲学を持ち、それをどのように実践しているかを明確にするためのものです。

前述の定義の中では、「バリュー」に相当するものです。リッツ・カールトンの従業員は全員この「クレド」を記したラミネートされたカードを携帯しています。次のページにはクレドの内容を示しています。

このクレドを作ったのは、5人の創業メンバーです。1984年、5人は「リッツ・カールトンはお客様や従業員にとってどんな存在であるべきなのか。そのために私たちは何をすべきなのか」ということを徹底的に話し合いました。そしてその結果をまとめたものがクレドになりました。

普遍的な価値観なので、一見すると印象に残りにくいかもしれません。しかし、忘れていけないのはこの言葉は創業者たちの事業に対する思いや熱意が込められたものだったということです。従業員が携帯するクレドのカードには、「クレド」以外に「モットー」や「ザ・リッツ・カールトン・ベーシック」といわれる

行動指針等が記されています。リッツ・カールトンではこれらを総称して「ゴールド・スタンダード」と呼んでいます。

◇ クレドを浸透させる仕組みに工夫

リッツ・カールトンがユニークな点は、従業員が「クレド」の内容に納得した上で働ける仕組みを作っているところにあります。同じ価値観を共有したメンバーが心から「クレド」に納得していれば、マニュアルのような細かい決まり事を決めなくても自然に同じ振る舞いができるという考え方です。以下にその仕組みについて示します。

①採用

実績やスキルよりも、その人の性格や価値観を重要視しています。技術や知識は後から訓練できても、パーソナリティは変えられないからです。感受性や倫理観を含めて、リッツ・カールトンの理念を心から共有できる素質があるかどうかを見極めて採用します。

②毎朝の話し合い

毎朝、仕事が始まる前15 ～ 20分程度各セクションでクレドついて話し合います。司会役が投げかけた質問をみんなで考えるという流れで行われ、テーマは「ゴールド・スタンダード」の中から、毎週違うものを選びます。今週はクレド全体について、来週は「リッツカールトン・ベーシック」について話し合うといった具合です。

例えば、クレドの「お客様が言葉にされない願望やニーズを先読みしてお答えするサービスの心」について、「そのようなサービスを実践するためにはどのような努力が必要でしょうか?」という質問がされます。すると、「今日の担当の仕事を事前に想像、シミュレーションして、お客様の言葉にされないニーズを予想すること」といった意見が出ます。話し合いの中で、従業員一人ひとりがそのテーマについて深く考えて、自分事として捉えていくことが重視されます。この作業を毎日繰り返すことでリッツ・カールトンの理念が自分のものになっていきます。

パーパス経営の基本

⑪ パーパス経営の主な成功事例② ザ・リッツ・カールトンホテルカンパニー

③「ゴールド・スタンダード」の改変

「クレド」は不変ですが、「ザ・リッツカールトン・ベーシック」などは従業員の声を反映して、表現を変えたり新たに項目を追加したりします。この仕組みで、従業員員には「ゴールド・スタンダード」は上からのお仕着せではなくて、自分たちでつくり実践するものだという意識が生まれます。

④全従業員が持つ1日2000ドルの決裁権

エンパワーメントとして従業員に認められている力（権利）として3つのことがあります。1つ目は上司の判断なしで自分の判断で行動ができること。2つ目はセクションの壁を超えて仕事を手伝うときは、自分の通常業務を離れること。3つ目は1日2000ドル（約30万円）までの決裁権です。

有名な話としては、宿泊客が重要な書類を部屋に忘れたまま飛行機に乗って他の市まで行ってしまい、必要な書類がなくて困っているという情報を聞いたスタッフが躊躇せずすぐに飛行機に乗り、書類を届けたというものがあります。他のホテルでは絶対に考えられないホスピタリティに宿泊客は感動し、生涯の顧客になったということです。その費用は問題なく処理された上に、そのサービスを実行した従業員はリッツ・カールトンの理念を実践したということで高く評価されました。

他にも従業員を尊重する会社の姿勢や、従業員の行った素晴らしいサービス（ホスピタリティ）を共有しあうシステムなどを通して、従業員が心から納得するような仕組みがつくられ、効果を上げています。

リッツ・カールトンホテルのクレド

リッツ・カールトンホテルはお客様への心のこもったおもてなしと快適さを提供することをもっとも大切な使命とこころえています。

私たちは、お客様に心あたたまる、くつろいだそして洗練された雰囲気を常にお楽しみいただくために最高のパーソナル・サービスと施設を提供することをお約束します。

リッツ・カールトンでお客様が経験されるもの、それは、感覚を満たすここちよさ、満ち足りた幸福感そしてお客様が言葉にされない願望やニーズをも先読みしておこたえするサービスのこころです。

私たちがリッツ・カールトンホテルの事例から学ぶべきこと

① サービスを超える感動はクレド（行動指針）の浸透から生まれる

② パーパスやバリューを考えるときの自分たちに問いかける質問は、
   1. 私たちはお客様（社会）にとってどんな存在であるべきなのか？
   2. 自社は従業員にとってどんな存在であるべきなのか？
   3. そのために私たちは何をすべきなのか？

③ 従業員が心からパーパスに納得していれば、マニュアルや細かい決まり事はいらない

④ パーパス浸透の仕組み
   1. 採用：理念を共有できる性格や価値観の人を採用
   2. 朝礼：クレドを深く考えて、自分事として捉える質問と対話で自分のものとしていく
   3. 行動指針の改変：クレド以外の行動指針は従業員の声で改変する。行動指針は自分たちでつくり実践するものであるという意識高揚
   4. 3つのエンパワーメント
     A）上司の判断なしで自分の判断で行動ができる
     B）部門の壁を越えて仕事を手伝うときは、自分の通常業務を離れること
     C）1日2000ドル（約30万円）までの決裁権

12 パーパス経営の基本

パーパス経営の主な成功事例③
パナソニック

パナソニックは従業員への徹底したパーパスの浸透と、その実現に向けた数々の取組みにより成果をあげてきました。

◇ 徹底した浸透と綱領実現に向けた取組み

パナソニック、以前の松下電器産業のパーパスは以下の綱領に示されています。

> 綱領：産業人たるの本文に徹し　社会生活の改善と向上を図り　世界文化の進展に寄与せんことを期す

筆者の勤務当時、社員はこの綱領以外に「信条」「松下電器の遵奉すべき精神」を毎日朝礼で唱和していました。筆者はアメリカとシンガポールでも勤務しましたが、英語でも同じように毎日唱和しました。世界の何十万人というパナソニックの従業員が1年250日、250回繰り返します。5年勤務すると1250回、10年では2500回繰り返すことになりますから、否が応でも頭に叩き込まれます。

このように徹底して社員への浸透を図る一方で、綱領を実現するために実際に数々の取組みがなされてきました。例えば、シンガポールでもアメリカでも、社員は国内の本社のためではなく現地のために働くように教育、指導されていました。具体的な取組みとしては、筆者が当時勤務していたシンガポール松下冷機という会社では、まだ発展途上国であったシンガポールで国の機関であるEconomic Development Boardと協力して雇用機会（2200人）を創出し、人材教育を行うといったことも実施されていました。

同社はシンガポールの再輸出拠点としてのビジネスモデルの先駆けとなり、このビジネスモデルはマレーシアやインドネシア、ひいては中国の経済発展への道を開きました。いまやシンガポールの一人あたりのGDPは日本を超えています。このように商品やサービスの開発にとどまらない、綱領の実現

に向けた数々の取組みにより成果をあげてきたのです。

◆ 従業員に浸透させるためのシステムを整備

前項で紹介したリッツ・カールトンには「クレド」を浸透させるシステムがありましたが、パナソニックにも「綱領」「信条」「松下電器の遵奉すべき精神」を浸透させるシステムがあります。

①カード

リッツ・カールトンの「クレド」カードと同じようにパナソニックの全従業員は「綱領」「信条」「松下電器の遵奉すべき精神」が記載されている「経営基本方針」のカードを携帯します。いつでも仕事の判断や、やり方に迷ったときには取り出して基本方針に則してどのように仕事をしていくべきか考えることができます。

②教育研修

パナソニックは人を育てるということに非常に力を入れています。松下幸之助氏の有名な言葉に「松下電器は何をつくるところかと尋ねられたら、松下電器は人をつくるところです。併せて電気器具もつくっております。こうお答えしなさい」というものがあります。このような精神は教育にも表れており、新入社員の教育をはじめすべての教育研修科目はまず経営基本方針をベースにしています。

③朝礼

毎朝各部門(部、課、班、係)が集まって朝礼を行います。まず持ち回りで決められたその日の担当者が「綱領」「信条」「松下電器の遵奉すべき精神」を読み上げて、他のメンバーは全員で復唱します。担当者は「所感発表」を行います。仕事に限らず感動したことや、日頃感じていることなどを自由に話し、共有します。

④経営基本方針・職能方針

パナソニックには、経営基本方針の解説書とそれに準拠した各職能(営業、

経理、技術、購買、人事等)の方針をまとめた解説書があります。各部門は職能方針に従って部門運営を行います。

⑤松下幸之助氏の書籍や動画等

松下幸之助氏は非常に多くの書籍や動画を残しています。また多く研究者や関係する人々の松下関連の書籍があります。松下幸之助氏のものの考え方や経営基本方針について、深く学ぶ教材には事欠きません。

以上のようなシステムから、筆者が勤務していた頃の松下電器は「松下教」や「松下の社員は金太郎飴」と揶揄されることもありました。しかし、それだけ「経営基本方針」が広く深く社員に浸透していたともいえます。

松下電器産業の綱領・信条・遵奉すべき精神

綱領:産業人たるの本文に徹し　社会生活の改善と向上を図り　世界文化の進展に寄与せんことを期す

信条:向上発展は各員の和親協力を得るに非ざれば得難し　各員至誠を旨とし　一致団結　社務に服すること

松下電器の遵奉すべき精神
一、産業報国の精神
一、公明正大の精神
一、和親一致の精神
一、力闘向上の精神
一、礼節謙譲の精神
一、順応同化の精神
一、感謝報恩の精神

13 パーパス経営の基本

〈部門のパート〉パーパス経営における部門の役割①自社のパーパスが明確な場合

ここからの2項目では、部門担当者の視点からパーパス経営にどのように取り組んでいけばよいかをまとめます。まずは自社のパーパスが明確な場合に、部門が果たす役割について解説します。

◆ パーパスを実現するためのミッションを方針にする

　自社のパーパスが明確な場合とそうでない場合で各部門の果たすべき役割は変わります。ただ、いずれの場合でも、部門が機能するかどうかがパーパス経営が浸透し、実践されるかの分岐点になります。

　まず、自社のパーパスを自部門に落とし込む必要があります。例えばソニーのパーパスは「クリエイティビティとテクノロジーの力で、世界を感動で満たす」と示されています。自部門がゲームコンテンツの製作や電子機器の設計に携わっていたら、自社のパーパスをそのまま自部門にも適用できます。

　ただ、例えば自部門が経理部門であったらどうでしょう？　正確さや公正さを求められる部門の性格からすると、そのまま当てはめにくいと思われるかもしれません。ただ、経理部門に求められている役割を深く考えていくと、そのパーパスを部門の業務に落とし込むことができます。

　経理部門の本質的な役割は、自社が健全な状態で運営されているかどうかを把握し、トップにその状況について適時的確に伝えることにあります。つまり、数字の裏にある各部門の活動の状況や問題点を把握することが本質的な仕事です。どの部門がどういうことで悩んでいるか、困っているか、あるいは経営方針や計画からずれているかがわかるということです。したがって経理部門は経営の「羅針盤」ともいわれます。

　そのような問題点が大きくなる前に素早く対処し、健全な経営を実践することは経理担当者の重要な役割です。健全な経営を通じて、利益を確保し、クリエイターやエンジニア、営業マンや製造工場で働く人々に十分な資金を供給することで、彼らがその力を存分に発揮できる環境を整えることも求められます。感動を創造する人々の土壌を守るという、非常に大切な責任を担っ

ています。

　このように間接部門は、そのパーパスの実現のために人や組織を支えるところに重要な意義があることを認識することが必要です。そしてその認識を部門方針として示します。下記は一例です。

経理方針：経理は、パーパスに対し、常に経営の実態を的確に掌握・報告するとともに、経営の体質強化および方向付けに関して積極的に提言し、経営に役立たなければならない

　部門方針をつくる際は、重要な方針を数個つくり、各々の意味するところを文章にします。そして、**部門方針書**を作成し、部員に理解させ浸透させるようにします。部門方針は「パーパスを達成するために自部門が何をするべきか」というWhatの部分になります。パーパスはWhyであり、「なぜ自社は存在するのか」という存在の意義を示しますが、Whatの部分はミッションです。つまり、部門はパーパス達成のためにすべきことであるミッションを部門方針とします。

　また、自部門が仕事をする上で大切にする価値観や行動規範であるバリュー（How）も示しましょう。例えば経理部門であれば「自社で定めた経理規定を厳正、公正に守る」といったバリューは部門方針書に入るでしょう。

　そして、後述するパーパスブックの作成と浸透方法は、部門方針書の作成と浸透方法としてそのまま使えます。パーパスブックはリフィルタイプ（ページの追加や削除ができるルーズリーフタイプ）なので、自部門の方針のページもパーパスブックに加えてパーパスの浸透に加えて部門方針の浸透にも使いましょう。

◆ パーパスと部門方針の両方に大切なこと

　パーパスも部門方針も従業員を引っ張っていくエンジンであり原動力です。したがって共感を呼ぶものである必要があります。共感を呼ぶものであるためには、経営者や部門長の純粋な思いや夢、世のため人のためになりたいという強い思いが必要です。そういうものがパーパスと部門方針に一気通貫で反映されていることが必須条件です。

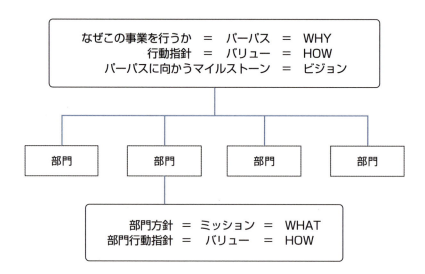

14 パーパス経営の基本

〈部門のパート〉パーパス経営における部門の役割②自社のパーパスが明確でない場合

自社のパーパスが明確でない場合でも、情報収集や部門内での話し合いによりパーパスに代わるものを策定し、部門方針を決めることができます。

◇ 自社のパーパスに代わるものを策定する

自社のパーパスが明確でない場合であっても、ただ言語化されていないだけで、その企業がなぜ存在するのかという意義は必ずあります。経営者の考えや創業者の思いをしっかり確認し、自社の進むべき方向性を言語化して、それに則った部門方針を策定し浸透させましょう。

経営者のリーダーシップのもとで策定されたパーパスは会社を引っ張っていくエンジンになります。同様に部門方針は自部門を引っ張っていくエンジン、原動力になります。したがって、たとえ自社のパーパスが明確に示されていなくても、部門方針を策定し浸透させることは必要です。

パーパスは経営者のリーダーシップのもと、全社が理解し準拠して実践していくべきものです。自部門だけでそれを策定するわけにはいかないですが、それに代わるものとして自社の経営方針を言語化し自部門に落とし込むことが必要です。

経営方針というと、自部門が達成すべき数値を考えますが、それだけでは不十分です。部門のメンバーが共感し、そのために自分の力を存分に発揮したいと思える意義や夢、経営者や創業者の強い思いが必要です。経営者や可能なら創業者から話を聞くこと、自社の歴史を振り返ることなどにより、自社の仕事の社会的な意義を考えましょう。

それらを自部門で話し合って、自部門が考える自社の経営方針として言語化し、自部門の方針書に示しましょう。

◆ 部門方針書の策定と浸透

　前項の自社のパーパスが明確である場合で示したように、自社の経営方針に準拠した部門方針を策定します。つまり、自社の経営方針を実現するためになすべきことであるミッション（What）と、自部門が仕事をする上で大切にする価値観や行動規範であるバリュー（How）も示しましょう。

　浸透についても前項と同様です。パーパスブックに部門方針のページを加えて、後述するパーパスの浸透方法と同じ方法で進めていきましょう。前項でも記したように、経営方針と部門方針はメンバーを引っ張っていくエンジンです。従業員の共感を呼ぶ、経営者や部門長の思いが反映されていることが必須条件です。

自社のパーパスが明確でない場合の対応

| 創業者や経営者から話を聞く
自社の歴史を振り返る |

| 自部門が考える会社の経営方針 |

| 自部門の方針を策定
ミッション（What）
バリュー：価値観・行動指針（How） |

| 方針の浸透 |

② パーパス経営実践の課題と対応

本章ではパーパス経営の実践にあたり、どのような課題があるか、また
その課題にどのように対応していけばよいかを解説します。

パーパス経営実践の課題と対応

パーパス経営はなぜハードルが高いのか

パーパス経営の課題は、経営者やリーダーがどうすれば強い志や夢を持てるようになるかから始まります。

◆ 経営者自身がパーパスを信奉する

　経営者やリーダーの皆さんの中には、卓越した成果をあげるにはパーパスや経営理念が必要であることは頭では理解するものの、実践に対しては不安感を持たれる方も多いでしょう。「パーパスを浸透させるまで訴え続ける強い情熱と志が自分にあるだろうか?」「他社をみても、あまりパーパスや経営理念が浸透している会社はないのでは?」「松下幸之助氏やスティーブ・ジョブス氏のようなカリスマでないと難しいのではないか?」などと考えるかもしれません。

　一方で、そのような不安や疑問を理解した上で、パーパスを策定し、しっかりと浸透させる具体的な方法について明確に示した情報は少ないといえます。偉大な成功をした経営者について、「自己を超越した大義のために全身全霊をささげている」「彼らは世界を変えたり、社会に貢献したりすることが原動力になっている」などと記されることはよくありますが、「どのようにすればそうなれるか?」という点が示されていません。

　「経営者がどうしたら強い思いを持てるようになるのか」「どのようにパーパスを言語化すればよいのか」はパーパス経営の推進において大きな課題となっているといえるでしょう。経営者がその情熱や志をどのようにしたら持ち続けることができるのかということも大切な課題です。さらに、パーパスを具体的にどのように従業員に浸透させるのかということを考えなければなりません。

　パーパスを組織に浸透させるためには、まずリーダーや経営者自身が強くパーパスを信奉するということが必要です。いまそのような夢や志がある経営者やリーダーはそれで良いですが、そうでない経営者は、そのような夢や志を育てていく必要があります。

　経営者といっても、様々です。自ら会社を立ち上げた創業経営者、大会社

の中で事業経営を任された経営者、創業者から経営を承継した２代目あるいは３代目の経営者、経営を生業とするプロフェッショナルなど、異なる経緯で会社経営を遂行しています。また、経験の長い経営者もいれば、若く経験の短い経営者もいます。

　ただ、すべての経営者は事業に対して何らかの夢や志を持っているはずです。日々の問題や忙しさの中でともすれば見失いそうになるその夢や志を、もう一度強く持つことが求められます。そのヒントとなるのが、「パーパスの浸透によって何をどうしたいのか」「10年後や20年後にどういう状態を創り出したいのか」を考えることです。まず自分が本気になれること、そして、人をとりこにするほど魅力的なことの実現を考えましょう。

02 パーパス経営実践の課題と対応

パーパス経営の3つのハードル①経営者自身の本音の思いのこもったパーパスを言語化すること

パーパスの言語化にあたっては、まずは経営者が個人で考えた上で、従業員の声を聞くことが重要になります。

◇ パーパスの言語化の前にやるべきこと

パーパス経営で課題となるのが、パーパスの言語化です。前項のとおり、いきなり言語化しようとするのではなく、まずは「パーパスの浸透によって何がしたいのか」「10年後や20年後にどういう状態を創り出したいのか」をはっきりさせる必要があります。具体的なビジョンを持つことが重要です。

また、パーパスを誰が創るのかを決める必要がありますが、これは経営者が主導しなければなりません。経営者が活動開始を指示し、プロジェクトの主体は経営者と役員、選抜されたメンバーで構成されたプロジェクトチームで行います。ただし、意思決定は経営者が行います。プロジェクトの主体を経営者が役員や選抜メンバーに任せる企業もありますが、経営者の積極的な関与の必要性からおすすめしません。パーパスの作成と決定は経営者の専管事項です。

さらに必要なことは、自社のDNAを再認識することです。創業者が起業したときの志や思い、自社の歴史から自社の強みや伝統を考えてみましょう。パーパスは自社の強みを活かすものでなければなりません。

◇ まずは経営者個人で考える

パーパスは自社がどのように社会の役に立つかということを示すものです。考え方のステップとしては、まず自社に関連性のある社会が10年後にどうなっているか想像します。次に経営者個人として、「10年後にこういう未来になればいいな」と思うことを想像します。10年という年数は目安になりますが、長すぎるとリアリティがなくなり、短すぎるとモチベーションにつながらなく

なるため注意が必要です。

　そして、その未来に自社がどの分野で、社会に対してどのように関わりたいのかを考えて、言語化します。このときに自社のDNA、強みも含めて考えることが大切です。自分が本気になれること、そして人を巻き込みとりこにできるほど魅力的なことを、経営者個人で考え抜きます。例えば、10年後に「凄まじい勢いで進化するAIの世界の中で、人と人のつながりや感動を大切にする新しい教育で人を育てて、社会に貢献する」といった具合です。

　パーパスの言語化において最も大切なことは、パーパスが経営者の本当の純度100％の強い思いでなければならないということです。同時に従業員が「私もその活動に参加したい！」と思えるものであることが大切です。したがって、様々な階層や部門で先ほどのステップでパーパスを考えるワークショップを行い、経営者がそれを聞くことが必要です。その際、発言するのではなく、従業員の思いを聞くことが重要です。

　タウンホールミーティングで従業員と対話したり、アンケートで意見を求めたりすることも大事です。このプロセスは従業員にパーパスの浸透をしやすくするプロセスであると同時に、経営者自らを教育するプロセスでもあります。

　パーパスが「経営者自身の強い思いであること」と、「従業員の共感を得られる魅力的なものであること」の2つを満たせることが、パーパス経営の成功の必須条件になります。いまは2つを完全に満たせなくても、言語化されたパーパスについて、自分をその方向に成長させることに納得できれば良いです。

　また、作成時点ではパーパスに対する熱量は普通のレベルでも良いです。特に若い経験の少ない経営者は後に熱量を持てるようになれば良いのです。2〜3年後に震えるような思いでパーパスを語れるようになるためにも、自分をどのように成長させていくかが課題となります。

03 パーパス経営実践の課題と対応

パーパス経営の3つのハードル②パーパスを従業員に浸透させること

パーパスやミッション、経営理念は自社にあるが従業員への浸透が進まない会社は多いでしょう。その要因として、従業員がパーパスを自分事と捉えにくいということがあります。

◇ パーパス作成の段階から浸透を考えること

人は本質的に崇高な目的やカッコいい生き方、素敵な生き方のために自分の人生を使いたいと考えます。それなのにどうしてパーパスが浸透しないのでしょうか？ それは、人のもう1つの本質として、受け身でやらされることよりも、自分が参加して作ったものに興味を持つからです。

完全にできあがったパーパスを経営者から示されても、押し付けられたもう1つの指示・命令と受け取られます。パーパスの言語化は最終的には経営者が決定します。しかし、作成の過程に経営幹部や従業員を巻き込むことで自分も参加していると感じてもらえます。やらされ感をなくし、自分事であると捉えてもらえ、浸透しやすくなります。

具体的な方法としては、従業員に前項でも述べたワークショップやアンケートに参加してもらうことなどが有効でしょう。経営者の理解や意識を深めるとともに、自分事であるという感覚も高めることができます。

◇ パーパスブックを作り活用する

パーパスの作成後にも従業員を巻き込む取り組みを行うことが重要です。4章でも詳しく取り上げますが、パーパスをまとめたパーパスブックを作成することは一案となります。パーパス、ビジョン、バリュー、社長からのメッセージなどの会社に関することのパートと、朝礼や会議の手順、コミュニケーションの方法等の仕事に関することのパート、そして労働時間、休日、機密情報の扱い方などの規定のパートをまとめた冊子をつくります。ポケットに入るリフィルタイプのものです。

これをパート社員やアルバイトも含めた全社員に配布します。従業員は常

に携帯して朝礼や会議などに使うほか、教育や面談にも使用します。このパーパスブックも従業員の参加と意見を尊重して作成します。

　毎日の朝礼では、このパーパスブックを使って、パーパス、ビジョン、バリューについての対話を行います。従業員はパーパスをどのように自分の仕事に落とし込んでいくかを考えて話をし、部門で対話を重ねることで浸透をはかります。

◇ 研修や評価制度でさらなる浸透を図る

　このような活動を行ったとしても、継続して従業員にパーパスを意識してもらうのは難しいこともあるでしょう。自分が関わっている活動であったとしても、人は時にルールを軽視したり楽することを選んだりすることがあるものです。したがって、ある程度強制力のある教育や査定もすることが必要です。

　経営者はパーパスブックの目的、メリット、運用方法、教育研修などを配布時や年度始め、四半期などの区切りのタイミングで説明します。加えて、前述の朝礼も教育の一環です。それ以外には幹部研修や一般社員研修、新入社員研修にパーパスブックを活用して、パーパスの浸透をはかります。

　そして、教育や研修に対する参加度合いやパーパスブックの理解の度合いを人事評価やボーナス査定に反映させることも効果的です。このように従業員を教育する制度づくりなども浸透のための工夫の1つになります。

パーパスを従業員に浸透させる工夫

① **パーパス作成前**
・パーパス作成のワークショップの開催
・パーパスに関わるアンケートの実施

② **パーパス作成後**
・パーパスブックの作成
・朝礼での対話
・社員研修
・幹部研修
・参加度や理解度の人事評価への反映
・参加度や理解度のボーナス査定への反映

04 パーパス経営実践の課題と対応

パーパス経営の3つのハードル
③経営者自身がパーパスの実現
に情熱と志を持ち続けること

パーパスプロジェクトを開始した頃は高い情熱を持てたけれど、2年、3年経つうちに
その気持ちが薄らいでしまうことがあります。どのように情熱と志を持ち続ければよい
のでしょうか？

◇ 持ち続けるのではなく、高めていくことが大切

　経営者はパーパスの達成を見据えて、5年後、3年後、今年中に達成する
ことを約束し、結果を出して約束を果たしていくことが仕事です。行く手には
予想を超えた数々の障害やリスクも待っています。それらを乗り越えて結果
を出すことが求められます。

　そのときに支えになるのはパーパスです。自分だけの利益追求や利己的な
成功だけを求めているのではなく、世の中の役に立つために仕事をしている
という信念が自分の持つ力以上の力を発揮させてくれます。社会のためであ
れば、辛いことでも、自信が持てないことでも、堂々とできます。頼みごと
も堂々と頼めます。自分だけのためにやっているのではないという思いが勇
気を与えてくれます。

　そういう体験を重ねていくうちに、経営者はそのパーパスに対する思いを
強く育てていくことになります。

◇ 朝礼が経営者の意識を育てる

　毎朝の朝礼で、従業員はパーパス、ビジョン、バリューについて考えて、
それを自分の仕事にどう落とし込むかを発表します。そして、グループでそ
の発表について励ましと対話をします。

　経営者は毎朝異なるグループの朝礼に参加して、対話に参加します。1人
ひとりの従業員がパーパスについて考えて、それを自分の仕事に落とし込も
うとしている姿に感謝の気持ちがわくでしょう。普段接することがないような
従業員の思いや悩みを聞くこともあるでしょう。時には「なるほど」と感心する
ような話しにも出会うことがあるかもしれません。もちろん話を聞いたあとに

パーパス経営実践の課題と対応 2

④パーパス経営の 3 つのハードル③経営者自身がパーパスの実現に情熱と志を持ち続けること

経営者として従業員を励まし、勇気づける言葉をかけることが大切です。

そして、従業員の話を聞きながら経営者はその従業員たち以上に深くパーパスを考える機会を得ていることになります。毎日たった10分か15分程度ですが、その積み重ねが経営者を育てます。朝礼でパーパスの対話をすることを会社のシステムにしてしまえば、経営者の志や情熱は自然に日々の繰り返しの中で強化されていきます。

◆ 経営方針発表会、四半期報告、新入社員

節目節目の大切な会議やセレモニーや報告会なども、経営者の大切な志を社員で共有するチャンスです。パーパスに込めた願いや志を自身の言葉で話し、その志や願いを共にする人たちに心からの感謝の言葉を伝えましょう。その言葉は、経営者自身にも響きます。経営者としてさらに成長するチャンスにもなります。

経営者自身がパーパスの実現に情熱と志を持ち続けるためになすべきこと

機会	行動	効果
仕事	自分のためではなく、世のためという思いが力を強める	仕事の実践を通して情熱を高める
朝礼	対話を聞き、励ます	繰り返すことが、自分自身のパーパスへの思いを強め、育てる
イベント	経営方針発表会等でパーパスについて繰り返し話をする	

パーパス経営実践の課題と対応

パーパス経営でつまずきやすいポイント①他の責任感に追われるうちにパーパスが見えなくなる

パーパスが具体的に定まっていないと、足元のマネジメントや資金繰りに奔走しているうちに取組みの方向性を見失ってしまうことがあります。

◆ 従業員との対話の時間をつくる

　経営者の仕事は、結果を出し、パーパスを遂行することです。そして、そのパーパスの達成に向けて、具体的な方針を決めることも仕事といえます。それをビジョンや中期計画、事業計画と呼んでも良いのです。その達成のためには、経営者は新しい価値を生みだすこと、利益をあげること、リーダーとしてみんなを引っ張っていくことが必要です。

　しかし、足元の人の問題やお金の問題などの取り組みに奔走する中で、パーパスを見失ってしまうこともあるでしょう。新入社員として入社したときには、大きな志を持っていたとしても、日々の仕事の忙しさに追われる中で、いつのまにか忘れていることもよくあります。

　そのようなときのために、経営者が従業員とパーパスについて対話できる場をつくることが重要です。例えば、朝礼以外にも従業員の言葉を聞ける時間をつくることなども効果的でしょう。例えば、経営者と従業員がパーパスについて情報をシェアできる社内SNSなども一案でしょう。そして、朝礼や日々の業務で気づいたこと、学んだことなどを、ストーリーとして従業員に発信します。

　これも朝礼の対話と同じように1つのシステムとして、例えば人事部門も巻き込んで、「週1回は必ず社長からのメッセージを出す」などと、決めてしまえばよいのです。経営幹部や他のメンバーにも同じように定期的にメッセージを出してもらうようにするのも有効でしょう。

　つまり、ともすれば忙しさの中で忘れてしまうパーパスという大切な原点を、繰り返し意識する環境を自分で作るということです。そして、会社の中でそ

れをプロモートしていく仕掛けも作るということです。このような具体的な仕組みを作れるかどうかが、自分自身と従業員にパーパスを浸透させ、強く信じて実践することができるかどうかを決めます。

パーパスが見えなくなったときの対応

要点	内容
パーパスが見えなくなる要因	・日々の業務や責任感に追われる ・足元の問題（人・資金）に奔走する
対応策	・従業員との対話の場を設ける ・経営者からの定期的なメッセージの発信 ・パーパスを意識できる環境づくり
具体例	・朝礼に参加し、従業員の対話を聞き、励ます ・経営者が工場や営業所をまわり、タウンホールミーティングを行う ・経営者自身のブログを開設し、パーパスに関するメッセージを定期的（週1回）に発信する ・社内 SNS を活用してパーパスに関する情報をシェアする ・経営幹部からの定期メッセージの発信

06 パーパス経営実践の課題と対応

パーパス経営でつまずきやすいポイント②パーパスを作成する際に美辞麗句を並べてしまう

パーパスはシンプルで覚えやすく、共感を得やすい言葉である必要がありますが、あまり言葉にこだわりすぎてしまうのも問題です。

◈ 事業に取り組む中で考えることも一案

　パーパスを言語化するときに一番大切なことは、自身の本当に正直な思いであることです。「大きなことをしたい」「すごいことを成し遂げたい」「世界で一番になりたい」「大金持ちになりたい」など、率直なものでよいのです。

　その次に考えるべきことは、それがまわりの人をとりこにするほど魅力的でないといけないということです。自分一人が大金持ちになることは、まわりの人々にとって魅力的ではありません。まわりの人々にとって魅力的であり、自分自身が本気で取り組めることを考えることが重要です。

　しかし、日々の業務や短期的な問題に追われて、パーパスを考える時間や余裕がない場合もあるでしょう。組織の文化や歴史が変化に対して抵抗するものである場合、経営者が新たなパーパスを持ちづらくなることもあるでしょう。パーパスを単なる抽象的なスローガンと捉え気持ちが乗らない従業員を想像して躊躇しまう経営者もいるかもしれません。

　しかし、経営者も従業員もいまは何も教育もされていない状態だったとしても、前述した朝礼での対話プロセスで毎日教育することで2年後3年後には大きく変化しています。また、若い経営者の場合、企業経営の経験が浅く、将来像を明確に描くことが難しいというケースもあるかもしれません。その場合は、2〜3年事業に取り組む中で、ビジネスの全体像が見えてきた時点でパーパスを考えることも一案です。

◇ 他社や成功事例に学ぶ

　共有できる夢や希望はあるけれど、まだ「もやっと」しているレベルである、また具体化できるほど強くない、といった経営者も多いでしょう。そのような場合は、パーパスを持つことがいかに大切であるか、素晴らしいパーパスを持って成功している企業の事例を調べたり、書籍や動画、セミナーなどを活用したりして学んでください。感動的なストーリーや伝説的なサービスなどの逸話や伝記から、インスピレーションを得ることができます。リッツ・カールトンホテル、ディズニーリゾート、スターバックス、パナソニックやソニーなど卓越した企業や経営者から得られるインスピレーションはあなたの思いに影響するはずです。

　次に様々な部門や役職レベルの従業員のグループと、タウンホールミーティングで対話をしてください。「どのような会社にしたいのか」「どんな夢や希望があるのか」を聞いてみましょう。経営者は自分の意見を発言するのではなく、従業員の話を聞いてください。新たなアイデアや視点を得ることができます。

　さらに、様々な部門や役職レベルのグループでパーパスに関するワークショップを開催しましょう。経営者はそれにオブザーバーとして参加したり、提案を聞いたりする場を持ちましょう。これも新たな視点やインスピレーションを得ることができます。

　このようなプロセスを重ねるうちに、あなたはもっと深く共有できる夢や希望を考えることができるようになるでしょう。以前より強い思いが育ってきているはずです。その思いやインスピレーションを大切にして、言語化してください。

　そのときには、それが自分の本当に言いたいことであれば、他社の自分の心に刺さるような表現をまねしてもよいです。それは、単に美辞麗句を並べることとはまったく違います。「どのような手段」で、「誰に」、「どんな素晴らしいことで喜んでもらう」かを考えてください。それがパーパスになります。

07 パーパス経営実践の課題と対応

パーパス経営でつまずきやすいポイント③策定時にプロジェクトとして従業員に丸投げしてしまう

企業にとってパーパスの策定は、その存在意義や将来の方向性を示す極めて重要なプロセスです。これをプロジェクトとして従業員に任せることが困難である理由を示します。

◆ 経営層のビジョンと方向性の欠如

　パーパスは企業の根幹に関わるものです。パーパス達成に向けて、ビジョンや**中期計画**、**事業計画**が策定されます。その企業が大切にする価値観や行動指針もパーパスに沿って策定されます。経営者は企業の全体像、長期的な目標、市場動向や競争環境などを理解しています。従業員にパーパス策定を任せると、これらの広範な視点や戦略的な考察が欠ける可能性が高くなります。

　経営者のリーダーシップが欠如すると、企業全体の方向性が不明確になり、統一感のあるパーパスやビジョンを作り上げるのが難しくなります。さらに、パーパスは経営者の意思決定に深く関わるため、経営者自身が責任を持って策定することが求められます。そうでなければ、最終的な責任の所在が曖昧になり、企業全体としての一貫性が損なわれる恐れがあります。

◆ 従業員の視点と知識の制限

　従業員は日々の業務に集中していて、企業の全体像や長期的な目標を理解しているとは限りません。彼らは自分の専門分野や部門の目標にフォーカスしているので、企業全体の戦略やパーパスの策定には必要な広範な視点を持ちにくいです。

　さらに、従業員は企業の経営状況や市場の動向、競合他社の動きなどに対する深い理解が不足していることが多く、そのためにパーパス策定において必要な戦略的視点が欠如する可能性があります。これにより、策定されたパーパスが部分的であったり、企業全体の目標と整合性が取れなかったりす

るリスクが高まります。

◇ 経営者の強い思いと統一性の欠如

このように、パーパス策定には、経営者自身の夢や志、熱意が反映されることが重要です。経営者が主導しない場合、その志や強い思いが十分に組み込まれず、従業員との間で共有されることが難しくなります。経営者の強い思いが込められていないパーパスは、従業員にとっても共感しづらく、モチベーションやエンゲージメントの低下につながる可能性があります。また、多様な意見が集まることで、意見が分散し、統一されたパーパスを形成するのが困難になります。特に、大規模な組織では、部門ごとの文化や目標が異なるため、全体としての一致を見出すのが難しくなります。

パーパス策定は企業の未来を形作る重要なプロセスであり、経営者のリーダーシップと広範な視点が必要です。従業員に任せることで生じる視点の限界や経営者の志や統一性の欠如を避けるためにも、経営者が主体となり、従業員の意見を取り入れながら最終決定を行うことが望ましいです。これにより、企業全体が一丸となって目標に向かい、持続可能な成長を実現することが可能となります。

経営者主導のパーパス策定が重要である理由

ポイント	理由	影響
経営層のビジョンと方向性の欠如	経営者は企業全体の視点や戦略的考察を持っているため、従業員に任せると広範な視点が欠ける。	企業全体の方向性が不明確になり、一貫性のあるパーパスやビジョンを作り上げるのが難しい。
経営者の強い思いと統一性の欠如	経営者の夢や志、熱意が反映されないと従業員の共感を得にくく、統一されたパーパスを形成するのが難しい。	従業員のモチベーションやエンゲージメントの低下につながる可能性がある。

08 パーパス経営実践の課題と対応

パーパス経営でつまずきやすいポイント④従業員に浸透させる方法がわからず活かされない

パーパスを言語化して、従業員に発表し、カードなどを配ってそれで終わってしまう企業は多くあります。パーパスの浸透こそ最も大きなハードルといえるでしょう。

◇ 経営者自身が強い思いを継続できない

パーパスを作成する段階では経営者は集中して強い意欲を持ちます。問題は、言語化できたあとも強い意欲継続することが難しいということです。日々の事業活動で忙しく仕事をしている中で、経営の原点であるパーパスを忘れてしまうということもあるかもしれません。つまり、その程度のパーパスに対する意欲しか持てないという経営者が実際には多いのではないでしょうか？

経営者は強い意欲をもつべきだと正論を振りかざすのではなく、どのようにすれば意欲を継続できるのか、より高めていくことができるのか、具体的な施策が必要です。

本書ではパーパスブックを作り、毎日の朝礼でパーパス、ビジョン、バリューやルールについての対話を重ねることを具体的な手段として示しています。そのような仕組みを作ることで、自然に経営者自身がパーパスに対する思いを強めていくことになります。もちろん、経営者の思いが強いほど、従業員も共鳴、共感してくれる可能性も高まります。

◇ パーパスを経営に反映させる方法がわからない

パーパスは思いや志を示すので、抽象的で象徴的な文言になります。それを具体化して仕組みとして展開しなければならならず、企業はここでつまずくことが多いのです。

理想的には右の図表に示していることをすべて行うと良いでしょう。いっぺんにできない場合は、①②⑥と⑧のA) B)を行うことだけでも十分に効果があります。

パーパス経営実践の課題と対応 **2**

⑱ パーパス経営でつまずきやすいポイント④従業員に浸透させる方法がわからず活かされない

パーパスドリブンな経営の仕組み

① パーパスに基づくビジョンの策定

② ビジョンに基づく中期計画、事業計画の策定

③ パーパス、ビジョン、バリューに基づく製品・サービスの開発

④ パーパス、ビジョン、バリューに基づく部門別方針の策定

⑤ パーパス、ビジョン、バリューに基づく採用

⑥ パーパス、ビジョン、バリューに基づく評価制度の策定

⑦ パーパス、ビジョン、バリューを柱にした階層別研修制度の策定

⑧ パーパスを浸透させる諸制度

　A）パーパス策定時から従業員をまきこむ

　B）パーパスブックの作成と朝礼での対話

　C）経営企画室、広報、人事などが協力しクロスファンクションでパーパス事務局を立ち上げて推進する

　D）経営者が各拠点を回ってタウンホールミーティング

　E）経営者がパーパスについての動画配信

　F）上司が部下との One on One でパーパスについて語る

　G）経営層がスピーチする場合はパーパスに触れること

　H）ポスター掲示　名刺ロゴ　パソコンの待ち受け画面にパーパス表示

　I）社内イントラネットで掲載

　J）経営者がブログでも発信

　K）社内報の活用

　L）パーパスに対する浸透度や共感度のモニタリング

09 パーパス経営実践の課題と対応

パーパス経営でつまずきやすいポイント⑤経営者の決断や行動が作成したパーパスからずれる

経営者の決断や行動がパーパスからずれてしまうと、それが従業員に伝わることでパーパスの言葉が力を失ってしまいます。

◆ 経営者は言行一致でないと信頼を失う

経営者が立派なパーパスを掲げながら、一方で行動が利己的な動機によるものだったら、従業員にすぐに見透かされます。誰もが本気でパーパスの実現に向けて努力をしようとはしなくなるでしょう。

パーパスを浸透させるには、経営者が従業員から信頼されなければなりません。そして、信頼されるには発言と行動が一致していることが大切です。つまり、経営者はパーパスに則した行動をしなければならないということです。したがって、パーパスは自身の本心からの思いや志でないと言行一致は難しいでしょう。どこからか引用した見栄えのする文言のパーパスでも、自分自身の強い思いが入ってなければ、浸透は難しいです。

そしてその思いの強さを継続することができ、より強くなっていかなければなりません。つまり、自分自身がパーパスの最大の実践者であることが必要なのです。

◆ 経営者はパーパスやビジョン実現への挑戦を示す模範となる

パーパスが従業員の共感や共鳴を得て、生きたものになるかどうかを決める最大の要素は、経営者の率先垂範にあります。従業員が高い意欲をもってパーパスやビジョンの実現に取り組む意欲を持てるようにするためには、パーパスやビジョンが自分の価値観と重なっていることが必要です。

ただ、それだけではなく、経営者が一心不乱に、真剣に取り組んでいる姿を見せることも大切です。経営者自身が先頭に立って挑戦する姿、高い水準を求める姿が、従業員を挑戦にかきたてます。積極的に取り組めば、成長する実感や達成感を得られるということを示すのです。その上で、従業員が求めればそのようなチャレンジと働きがいを与える経営を目指す必要があります。

事業が安定化することで、そこまで積極的にならなくてもある程度の満足感が得られればよいと考える従業員も増えてくるでしょう。そういう従業員は高い意欲をもってパーパスやビジョンの実現に取り組む経営者にとって見えない壁になる可能性があります。そのような壁を越えていくためにも、経営者自身が高いモチベーションを持つことが必要です。前項で示したように、自分自身を教育する仕掛けや環境を作ることはとても大切です。

言行不一致は不信感につながる

10 パーパス経営実践の課題と対応

〈部門のパート〉パーパス経営で部門がつまずきやすいポイント①部門展開の仕組みや方法が不明確（1）

自社のパーパスをどのように部門内で展開していけばよいかはっきりとした仕組みや方法がないケースは多く見受けられます。そして、せっかく策定したパーパスが出だしの勢いを失い風化してしまう企業は多くあります。

◆ 会社パーパスを自部門の方針に落とし込む

部門展開の仕組みが整備できていない場合は、まず抽象度の高いパーパスを具体的な自部門の方針に落とし込むことが重要です。企業は各部門に部門方針を策定し、運用するように指示すべきです。ただ、そのような指示がなくても各部門は主体的に部門方針を策定すべきです。

自部門でワークショップなどを行い、ディスカッションを重ねて自部門の方針を自分たちでつくりあげることが大切です。パーパス同様に方針を最終的に決めるのは部門長です。部員の思いや意見、価値観などにしっかり耳を傾けて考えるプロセスが重要です。

営業方針、技術方針、経理方針、人事方針などを策定します。それらはパーパスを達成するためにどのように各部門を運営していくか、何を目指し、どのような役割を担い、どのような方法で行うかを示すガイドラインになります。パーパスと同じように部門方針もその会社独自の大切なDNAとして培われ、育ち、後世に残されていくものです。

◆ 自部門の方針を支える熱意と志

部門方針についても、リーダーの純粋な思いや熱意、志がこもった方針であることが必要です。そうでなければ、従業員の共感や共鳴は生まれません。また、従業員はリーダーがパーパスに基いた行動や言動をするかどうかを見ています。そのため、部門長が熱意をもって作った方針を継続させることも大切です。これから先3年、5年と継続させることが求められます。

部門方針を継続するにあたっては、無理なく行うことができて、自分自身

も従業員もともに成長できる仕組みを作って実践していきましょう。その方法の１つは、部門用のパーパスブックです。企業のパーパスブックに、部門の方針のページを作成して加えるのです。

　加えて、経営者の場合と同じく、朝礼を活用しましょう。朝礼で会社のパーパスやルールについて自分の仕事に落とし込んで対話するだけでなく、自部門の方針についても同様の活動をします。そのことで、従業員だけでなく、特に部門長は自分自身のパーパスや部門方針への思いや志をより強く育てていくことができます。

部門方針の例：技術方針

パーパスと技術方針	技術はパーパス達成の土台	当社のパーパスは、高品質で高性能な新製品を社会に提供し、人々に喜びをもたらすことである。その実現を支える基盤は技術である
	技術活動の基本目標	社会に先駆けて高度な技術がもたらす新しい世界を提供するとともに、潜在的なニーズを満たし、より豊かな生活を実現すること
技術の基本5方針	1. 魅力的新製品の開発	火のような熱意と努力による創造性・独創力
	2. 研究開発の重点指向	経営に貢献する基礎研究の選定
	3. 生産技術の徹底的向上	生産技術の目標：仕事の簡素化・標準化・機械化・自動化
	4. 技術の蓄積と協力体制	専門分野の細分化・高度化に対応する協力体制
	5. 技術人材の積極的育成	創造力を高め進展させる人材育成
技術社員の心構え	1. 大きな夢を	人々の壮大な夢や空想は、世界技術の未来を飛躍させる原動力である
	2. たゆまぬ研鑽を	理論と経験の双方を体得し、思考を磨き、独創力を養うこと
	3. 経営参画意識を	製品の品質・性能の向上と原価低減に対する関心と責任をもつこと
	4. 常に心を開いて	不可能に見える状況でも、必ず打開策が存在することを理解すること
	5. 豊富な科学常識を	簡単な常識的事実を大切にして不良品は作らない
	6. 相協力せよ	技術の専門分化と高度化には、協力の重要性を意識することが不可欠である

11 パーパス経営実践の課題と対応

〈部門のパート〉パーパス経営で部門がつまずきやすいポイント②部門展開の仕組みや方法が不明確（2）

部門への浸透のハードルとなるのが、従業員がパーパスを自分事化できないことです。しかし、人事評価にパーパスを組み込むことで、従業員は継続的に向き合い、具体的な行動として定着しやすくなります。

◇ 人事評価のプロセス

　部門におけるパーパスの浸透には、人事評価制度の活用が効果的です。人事評価のプロセスにパーパスや部門方針を入れることは本来なら全社で推進すべき内容ですが、もしそれが難しいのであれば部門で工夫して組み入れてください。

　プロセス自体は下記のとおりです。

---

① **期首**

　事業目標：会社の経営方針・事業目標が通知される

　部門目標：部門長同士の議論の上で部門別の目標を決める

　個人目標：目標と期待される役割を部門長と個人の話合いで決める

② **期中**

　個人目標：部下は目標達成に向けて取り組む

　上司は部下の目標達成を支援する（One on One）

③ **期末**

　個人目標：評価面談

　期中の取組みを通しての目標と期待の達成度を評価する

　評価方法としては、直属上司の一次評価、一次評価者の上司の二次評価、役員が全社のバランスを考慮し調整の上最終決定をする最終評価があります。この評価の結果で給与や昇進が決まるので、従業員は真剣になります。

パーパス経営実践の課題と対応 **2**

⑪〈部門のパート〉パーパス経営で部門がつまずきやすいポイント②部門展開の仕組みや方法が不明確（2）

◆ 目標設定の注意点

　会社は自社のパーパスの達成のためのビジョンや中期計画や事業計画を策定します。その事業計画や事業目標にリンクした部門目標や個人目標が設定されるべきです。

　自分の部下が高評価になるように恣意的に目標を低く設定することは、正しい目標設定とはいえません。パーパスが企図する卓越した企業文化の創造を損なうことにもなります。また、部下の成長にとっても良い結果を生みません。

◆ 2つの評価基準

　評価基準は大きく2つあります。1つはパフォーマンスです。部門目標達成のためにどれだけ貢献したか、個人目標をどれほど達成できたかにより、評価します。

　もう1つの評価基準はコンピテンシー（能力・資質）と呼ばれるものです。これは企業のパーパスやバリュー、部門方針や心構えの理解度と実践度を評価します。この評価基準で評価を行い、しっかりとフィードバックをすることで個人や部門にパーパス経営が展開されるようになります。

人事評価基準	
パフォーマンス	**コンピテンシー**
・部門目標に対する貢献度 ・個人目標達成度	・自社のパーパス、バリュー ・自部門の方針、心構え、理解度と実践度

③ パーパスを策定する ための ステップ

　本章ではパーパスを作成するための具体的なステップについてみていきます。2章で取り上げた仕組みや制度を具体的に運営していくポイントも解説します。

01 パーパスを策定するためのステップ

パーパス策定までの全体の流れ

パーパス策定までには、従業員へのアナウンスやイメージの共有などが必要となります。

◇ 従業員にパーパス策定のアナウンスを行う

パーパスの策定をする際に気をつけておくべきことがあります。1つはパーパスは経営者が策定すべきものであること。もう1つは、パーパスは従業員に浸透しなければ意味がないということです。

策定に取りかかるスタート時点からこの2つを意識して、作業を進めていくことが大切です。策定期間は会社にもよりますが3か月から長くても半年といったところでしょう。

まず、従業員にパーパス、ビジョン、バリューを策定するということを公表します。その内容はパーパスを策定する目的や期待される効果、策定の手順、スケジュールと次に述べる卓越した企業文化のイメージの共有です。自分たちがわからないところで経営陣が何か進めているという経営と従業員の距離感を出してしまわないようにします。

できるだけ従業員の思いや意見、価値観も聞いて策定していくということもしっかり伝えます。

◇ 卓越した企業文化のイメージを共有する

なぜパーパスが必要なのか？　それは卓越した企業文化を創造するためです。卓越した企業文化は社内外に共感と共鳴を生み出し、従業員の働き甲斐と社外に多くのファンを創造し、結果として財務的な成功も生み出します。多くの幹部や従業員は、その卓越した企業文化というものがイメージできません。人はイメージできないものを創り出すことはできません。実際にそういう会社に勤めた経験があるメンバーは別ですが、そうでなければ難しいでしょう。

まず、卓越した企業文化がどういうものであるか、ストーリーや動画で学ぶ必要があります。世の中には本当に素晴らしい企業文化を創造し、運営している企業があります。リッツ・カールトンホテル、ディズニー、ファーストリーティリング、ソニーなどから学べることは多いです。そして、その素晴らしさ

に共感しイメージできるようになることが必要です。

まず経営幹部から順番に従業員まで卓越した企業文化のイメージを共有するための研修、セミナーや説明会を持つことから始めましょう。

パーパス策定のコアチームをつくる

パーパスを策定するのは経営者の仕事です。ただ経営者はパーパスの策定をする際に、幹部や従業員が何を考えているか、感じているかを知らなければなりません。自社の創業者がどういう思いで起業したかを学ばなければなりません。自社がどのような困難に出会い、それをどう乗り越えてきたかといった歴史も知る必要があります。その上で自分自身の中にある純粋な夢や志や情熱を呼び覚まさなくてはいけません。

そして、そのようなプロセスを計画し、実施していくチームを編成する必要があります。5名から7名程度のクロスファンクションのチームです。そしてチームは経営者直轄とします。卓越した企業文化のイメージを共有するセミナーの企画、自社の創業者や歴史の調査報告、グループ別パーパスアイデア創出ワークショップと発表会の企画、各種アンケートの実施分析などを行い、経営者をサポートします。

経営者の夢や志を言葉にする

経営者は卓越した企業文化の素晴らしさや従業員たちの思い、創業者の志や困難を乗り越えてきた自社の歴史を理解し、学ぶ過程で自分の中にある夢や志や情熱をもう一度呼び覚ますことが必要です。

スタート時点では強力な志を持てないという場合でも問題ありません。活動を通して少しずつ強めていけばよいのです。経営幹部も従業員もパーパスの言葉も大切ですが、それ以上にその言葉に込めた経営者の本気の夢や志や情熱に共感を覚えます。

従業員の参画意識を高める

パーパスの策定の段階から、意図的に従業員の意見に耳を傾けるプロセスを組み込むことは重要です。経営者が一方的に決めたものをあてがわれるのではなく、自分たちも一緒になって作ったパーパスであるという認識を持って

もらいます。それが、次のパーパスの浸透のステップにおいてとても大切です。

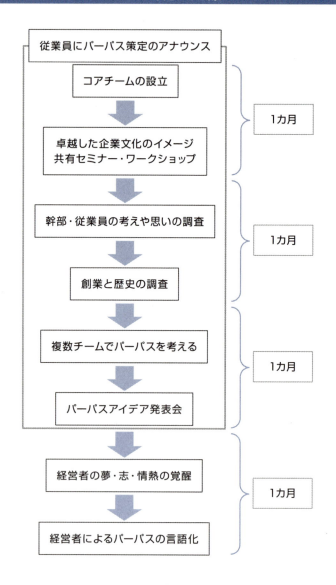
パーパス策定までの流れ

02 パーパスを策定するためのステップ

幹部社員にパーパスの
レクチャーをする

パーパスについて幹部社員から理解を得るためには、パーパスが求められる理由やもたらす効果、企業文化の具体的なイメージについて伝えることが重要です。

◇ 伝えるべきこと

　経営者から経営幹部、そして従業員へとパーパスが必要である理由や効果について理解を得ることは重要です。まず日頃の仕事に忙殺されてパーパスについて考えることが少ない幹部社員に理解してもらうことが必要です。

　特に、パーパス経営が生み出す卓越した企業文化のイメージの共有はとても大切です。特に伝えるべきは次の3点です。

①パーパス経営が求められる理由

　まず、なぜパーパス経営が必要であるのかの理解をしてもらいます。これらは、第1章で説明した内容です。卓越した経営を企図するなら、単なる利益追求を超えた社会的な貢献を目指すパーパスが必要であることの理解を得ます。

②パーパス経営が企業にもたらす効果

　パーパスが具体的に自社にどのような効果をもたらすのかも説明します。従業員にメリットを理解してもらうことで、モチベーションにもつながります。

③卓越した企業文化のイメージを共有する

　このイメージを共有することはとても大切です。人は自分がイメージできないものは創り出すことができません。ここでいうイメージとは、共感を含みます。つまり、単なる成功事例ではなくてその会社で実際に起きた事例に感情を揺さぶられる共感を持った学びのことをいいます。

　卓越した企業文化を生み出した企業には、必ず人の心を揺さぶる共感を呼ぶストーリーがあります。例えば、松下電器産業のケースでは、昭和8年

に資本金と同額の巨額投資で新工場と新本社社屋を建てたました。翌年の昭和9年9月に室戸台風でそれらの建物が全壊。そのときに松下幸之助氏は自社の建物の再建だけでなく、洪水で悲惨な状況になっている小売店や販売店を助けに行くように指示しました。幹部・従業員たちは、見舞金やタオル・石鹸・パン・懐中電灯等を持って泥の海と化した大阪市内を回りました。こうした対応に感謝し、涙した取引先もあったといいます。

現在のパナソニックは社会生活の向上や、世の中を困窮から救うことを経営理念としています。このようなストーリーとともに伝えることができれば、より従業員の納得も得らえるでしょう。

パーパス導入には、経営遂行の要である幹部の理解と共感が必須

訴求方法	訴求ポイント
ロジック	・従業員のモチベーションとエンゲージメント向上 ・従業員の生産性の向上・主体的活動のできる人材育成 ・パーパスに共感できる人材の採用 ・パーパスによる組織の一体化と組織力向上・企業価値の向上
共感	・卓越した企業文化を持つ会社のストーリーやエピソードを共有する ・ソニー、リッツ・カールトンホテル、ディズニーなど

03 パーパスを策定するためのステップ

自社の創業の志、歴史を振り返る

パーパス、つまり自社の存在意義を策定する上で、自社の創業の志や歴史を振り返ることは欠かせません。自社の現在は、先人たちの志や努力の上に成り立っているということを理解することはとても大切です。

◇ なぜ歴史が大切なのか？

なぜ歴史を知ることが大切なのかは、個人で考えるとわかりやすいです。私たち一人ひとりにも歴史があります。私たちは人生においてこうありたいと夢や目標を持ち、成功したり、失敗したりしながら生きてきたのではないでしょうか。そして、その夢や成功や失敗の歴史の中に私たちの本当の姿が映し出されます。私たちの本来持っている性格や長所、短所、そして志が見て取れます。つまり、DNAや原点といえるものがそこにあるでしょう。

大きな世界で活躍したいという思いをもって、海外に夢を馳せた人生もあるでしょう。あまり豊かでない環境の中で育ち、社会に出て成功することを志した人生もあるでしょう。自分の親や家庭の影響を受けて、自然に親から引き継いだDNAと環境の中で自分の将来を決めていったということもあるでしょう。

歴史を知った上で、自分の人生の持つ意味を考えることができます。「こういう流れでいま自分はこういう仕事をしている」、「親譲りの自分の長所はこういうところにある」といったことを考えることができます。それは、個人として「こういうことを成すために私は生きる」というパーパスにつながります。高い解像度でパーパスを持っている人は、強く確かな人生を歩む可能性が高いでしょう。つまり、個人としての人生の成功の確率が高いといえます。

同じことが企業にもいえます。創業者が会社を創業したときの志や夢は何か、苦難に陥ったときに逆境をどのように克服したかなど、自社ならではの評判やストーリーもきっとあるはずです。そのようなエピソードやストーリーを創業者や社史、OB・OG、年配社員の話などから聞き出してください。過去から発信されてきた経営者のメッセージも調べてください。

そこから、自社ならではのDNAや素晴らしい特長を理解することができるはずです。それは、自社のパーパスを考えて策定する上でとても大切な材料

となります。

◆ 歴史を踏まえたパーパスの効果

　自社の歴史を踏まえたパーパスを策定することは、自社に対する愛着の度合いも高めます。創業者や先人たちが描いた夢や志、そして努力は、私たちに誇りと愛着を与えてくれます。

　なぜここで働くのかという意味や意義を認識させ、自社内の世代を超えた共通の価値観の土台を与えてくれる効果があります。

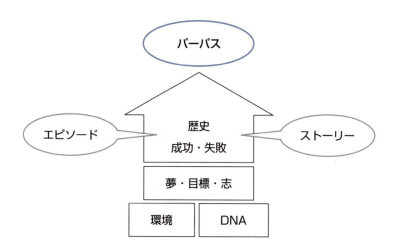

歴史とパーパスの関係性

04 パーパスを策定するためのステップ

従業員の思いや価値観を聞く

企業がパーパス（目的）を策定する際に、従業員の思いや感じていることを聞くことは極めて重要です。パーパスが企業の存在理由や価値観を反映するものであり、従業員の日常業務やモチベーションに直接影響を与えるからです。

◇ 従業員の意見を聞くことの重要性

従業員の意見を聞くことは、次の3点において重要といえます。

①共感と一体感の醸成

従業員がパーパスの策定プロセスに参加することで、自分たちの意見や価値観が尊重されていると感じ、企業との一体感が生まれます。また、組織としての方向性が明確になり、従業員一人一人がその実現に向けた役割を認識できるようになります。これは、従業員のエンゲージメント向上につながり、結果として生産性や業績の向上を促します。

②多様な視点の反映

企業のパーパスは、多様な視点を反映することで、より包括的で実現可能なものになります。異なるバックグラウンドや職務を持つ従業員から意見を集めることで、多角的なアプローチが可能となり、パーパスの策定に深みが増します。

③持続可能な企業文化の構築

パーパスは企業文化の基盤です。従業員が共感し、納得できるパーパスを持つことは、持続可能な企業文化の構築に寄与します。さらに、この文化が外部のステークスホルダーにも伝わることで、顧客や地域社会との信頼関係を強化し、企業全体のブランド価値向上にもつながります。従業員が自らの価値観と一致するパーパスの下で働くことは、長期的な従業員満足度と定着率の向上につながります。

◇ 従業員の意見を聞く具体的な方法

従業員の意見を聞くための方法としては次の4つがあげられます。

①アンケート調査

従業員全体に対してアンケートを実施することで、広範な意見を収集できます。アンケートの質問項目には、「自分の会社がどのような存在であってほしいと考えるか」や「自身の業務が企業のパーパスにどのように貢献していると感じるか」といった内容を含めるとよいでしょう。

②ワークショップとグループディスカッション

部門やチームごとにワークショップやグループディスカッションを開催し、意見交換の場を設けます。この場で出た意見は、企業全体のパーパス策定に向けた重要なインプットとなります。これにより、従業員同士のコミュニケーションも活性化します。

③インタビュー

代表的な従業員や各階層のリーダーに対して個別インタビューを実施し、深掘りした意見を収集します。インタビューは、アンケートやディスカッションでは得られない詳細な洞察を得るのに有効です。

④フィードバックの共有と反映

集めた意見やアイデアを定期的に従業員にフィードバックし、策定プロセスにどのように反映されているかを示します。例えば、社内会議やメールで「皆さんからいただいた意見をもとにパーパス案を修正しました」と具体的に伝えることで、従業員の関与意識をさらに高めることができます。これにより、従業員は自分たちの声が実際に影響を持っていることを実感でき、さらに積極的な参加を促すことができます。

パーパスを策定するためのステップ **3**
④ 従業員の思いや価値観を聞く

　このように従業員の思いや感じていることを反映させることは、企業のパーパスを実効性のあるものにし、企業全体の一致団結を強化します。多様な意見を収集し、それをパーパスに反映させることで、企業は内外に一貫したメッセージを発信し、持続可能な成長を遂げることができるでしょう。

従業員へのパーパス浸透のポイント

アンケート　→　従業員
共感
一体感
多様な視点
納得感　←　グループ
ディスカッション

ワークショップ　→　　　←　インタビュー

↓

腹落ちできるパーパス

05 パーパスを策定するためのステップ

いま携わっているビジネスを
見つめ直す

自社のパーパスを策定する際に現在のビジネスを見つめ直すことは、単なる形式的な
作業ではなく、自社の原点を考え、方向性を明確にする重要なプロセスです。ここでは、
その必要性と期待される効果について示します。

◇ なぜ見つめ直す必要があるのか？

　歴史から自分たちのビジネスの原点を探ったように、現在行っているビジネスから原点を探ります。自分たちのビジネスの独自性、ワクワク感、そして世の中に対する貢献といった視点で見つめ直します。

　次のページのマトリクス表に、いま行っているビジネスの製品やサービスをプロットして俯瞰してみてください。そして、自分たちは何のためにビジネスを行っているのか、どのように世の中の役に立っていきたいのかを考えます。つまり、パーパスを言語化していきます。

　パーパスは、企業の存在意義や社会的使命を明確に示すものです。現在のビジネスがそのパーパスと一致しているかを確認することで、企業全体の一貫性を保つことができます。この一貫性は、従業員の行動指針となり、顧客やステークホルダーに対する信頼性を高めます。

　ビジネスの中には、自分たちの原点からはずれてしまっているものもあるはずです。例えば本当は独自の価値を生みだして世に貢献することが原点であるにもかかわらず、他社と同じようなものを安い値段で販売しているといったこともよくあることです。そのようなギャップを特定して、中期的なアクションプランを策定して埋めていくことが必要です。そのことで内外のステークスホルダーからの信頼と持続的成長が可能になっていきます。

◇ 見つめ直すことによる効果

　見つめ直すことによってどのような効果が得られるのでしょうか。主なものは次のとおりです。

①従業員のモチベーションの向上
　現在行っているビジネスとパーパスを一致させようとする経営判断とアク

ションは大きなメッセージを従業員に投げかけます。つまり、自社は本気でパーパス経営を推進しようとしているというメッセージを示します。従業員は言行一致の自社のパーパスに共感し、それが日々の業務に直結していると感じることで、モチベーションが向上します。

明確なパーパスがある企業では、従業員は自らの仕事が企業全体の目標達成に貢献していると実感しやすくなります。これは、仕事に対する誇りややりがいを高める効果があります。

②ブランド価値の向上

一貫したパーパスを持つ企業は、顧客や社会からの信頼を得やすくなります。企業の行動やメッセージがパーパスと一致している場合、ブランドの信頼性が向上し、顧客のロイヤルティが強化されます。また、パーパスが明確な企業は、社会的責任を果たす姿勢が評価され、企業イメージの向上にもつながります。

このように自社のパーパスを策定する際に現在のビジネスを見つめ直すことは、企業の方向性を再確認し、一貫性のある価値創造を実現するための重要なプロセスです。これにより、従業員のモチベーション向上、ブランド価値の向上など、大きな効果が期待できます。企業が長期的に成功を収めるためには、このプロセスを丁寧に行うことが不可欠です。

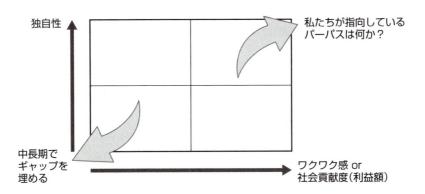

自社のビジネスを見直すためのマトリクス

06 パーパスを策定するためのステップ

経営者自身の思いや欲望を
シェアする

パーパスを策定する際、経営者自身の思いや欲望をシェアすることは極めて重要です。
パーパスとは、企業の存在意義や社会的使命を明確にするものであり、経営の原点と
いえます。

◈ 経営者の熱意と志の強さ

　経営者の思いや欲望に対する熱意や志の強さは、企業のパーパスを策定
する上で欠かせません。経営者が自らのビジョンや価値観を明確にし、それ
に対する強い意志を持っていることは、社員やステークホルダーに対して大
きな影響を与えます。

　ただ仮に策定時に強い熱意と志が持てなくても、それらは育てていくこと
ができます。毎日の朝礼のパーパスについての対話や、日々の業務や経験
を通じてさらに深まっていきます。最初は経営者の志や情熱がそれほど強く
なくても、自分自身と従業員の情熱を育てる環境を作ることで、それらを育
て強めていくことができます。そして、その過程を通して社員はそのビジョン
に共感し、一体感を持って業務に取り組むようになります。

◈ 言行一致の重要性

　経営者がパーパスを策定する際、言行一致の行動をとることが非常に重要
です。パーパスは企業の方向性を示すものであり、その言葉に対する経営者
の行動が一致していなければ、社員やステークホルダーの信頼を得ることは
できません。経営者が自らのビジョンを体現し、日々の業務においてそれを
実践することで、社員はそのリーダーシップを信頼し、共に目標に向かって
進むことができます。

◈ 従業員の声を聞く姿勢

　経営者が自分の思いや欲望をシェアするだけでなく、従業員の思いや感じ
ていることをよく聞き、理解する姿勢も重要です。従業員は現場での経験や
知識を持っており、その意見や感情を尊重することは、企業のパーパスをよ
り実践的で現実的なものにするために欠かせません。従業員の声を聞くこと

で、経営者は多様な視点を取り入れ、より包括的で共感を得られるパーパスを策定することができます。

◇ パーパスの共有と企業文化の形成

　経営者が自らの思いをシェアすることは、企業文化の形成にも大きく寄与します。経営者の価値観やビジョンが明確に示されることで、社員はそれを指針として行動し、統一感のある企業文化が育まれます。この企業文化は、長期的な成功にとって非常に重要であり、全員が共通の目標に向かって邁進するための基盤となります。

　以上のように、経営者が自らの思いや欲望をシェアし、言行一致の行動をとり、従業員の声を聞くことは、企業のパーパスを策定し、それを実践する上で不可欠です。このような取り組みが、企業の持続的な成長と成功を支える基盤となるのです。

共感の得られるパーパスに必要な3要素
① 経営者の強い熱意と志 ② 経営者の言行一致 ③ 従業員の声を聴くこと

パーパスを策定するためのステップ

複数のチームでパーパスを作成して発表する

パーパスの策定にあたり、複数のクロスファンクションチームを編成し、各チームでパーパスを考えてもらうことも重要です。

◆ パーパスを考える前のプロセス

パーパス策定にあたり、従業員が自らが携わっているという実感を持てるようにすることが重要です。そこで効果的なのが、従業員をチームに分け、パーパスを作成してもらうというプロセスです。各チームはまず、卓越した企業文化のイメージを共有し、経営者の夢や志について聞き、パーパスが求められる理由について学び、自社の歴史や今携わっているビジネスについて見つめ直します。その上でパーパスを考えてもらいます。

◆ パーパスの考え方

パーパスとは私たちの会社が社会に存在する意味であり、私たちがこのために仕事をしていると心の底から言いきれるものです。自分もその活動に参加したいと思わず感じてしまう魅力のあるものです。各チームは下記の3つの質問について考えることで、魅力のあるパーパスを考えることができます。

① 私たちはお客様（社会）にとってどんな存在であるべきなのか？
② 自社は従業員にとってどんな存在であるべきなのか？
③ そのために私たちは何をすべきなのか？

◆ パーパスのまとめ方

上記の質問に対する考えをキーワードにして各自が付箋に記入し、ホワイトボードに貼り付けます。その後似たものをグルーピングして、見出しをつけます。
その表を見ながら話し合い、3つの質問の答えを各々一行の短い文章に落

とし込みます。

　次に3つの文章をホワイトボードに貼り付けて、パーパスの文章を考えます。このとき、洗練された文章にしようとこだわるより、思いのこもった文章にすることが大事です。

◇ パーパスの言語化

　パーパスの文章を考えるときに、その表現方法は、「自社ならではの方法で、どういう相手に、どのような貢献をするのか?」という形でいくつか考えてみるアプローチが効果的です。

　「どのような貢献をするのか?」の部分は「どのような驚きを与えるのか?」「どのような感動を与えるのか?」と考えても良いです。

　ソニーのケースでは、「自社ならではの方法で」=「クリエイティビティとテクノロジーの力で」、「どういう相手に」=「世界を」、「どのような貢献をするのか」=「感動で満たす」となります。完成されたパーパスは「クリエイティビティとテクノロジーの力で、世界を、感動で満たす」というとてもソニーらしく、簡潔で覚えやすく、ワクワク感のあるものになっています。

◇ チーム発表の実施

　パーパスがまとまったら、各チームは全員集合して、経営者とコアチームにチーム発表を行います。そして全員で発表されたパーパスについて自由に話し合います。この発表と話し合いは自社のパーパスについて徹底的に追及するプロセスです。

　以上のプロセスを通して、チームメンバーはパーパスを自分たちで作成することになります。パーパスは最終的には経営者が策定しますが、チームメンバーは自分たちが策定に関与したことから、完成したパーパスは自分たちのパーパスであるという意識を持ちます。そして多様な職位や職種からなるメンバー達が核となって、パーパスの浸透に寄与していきます。

パーパス策定プロセス

ステップ	内容
①チーム編成と パーパス作成	● 部門や職種を超えたチームを編成し、各チームはパーパス（案）を作成する ● 異なる視点を反映し、深みのあるパーパスを考案 ● 従業員の「自分たちのパーパス」という意識を醸成
②パーパスを考える 前のプロセス	● 企業文化のエピソード共有：ソニーやディズニーなどの成功事例を共有し、卓越した企業文化のイメージを学ぶ ● 自社の歴史学習：創業者の志や特長を理解する ● パーパスのメリット学習：モチベーション向上、組織力強化、企業価値向上などを理解する
③パーパスの考え方	● 問いかける質問 1. 私たちはお客様（社会）にとってどんな存在であるべきなのか？ 2. 自社は従業員にとってどんな存在であるべきなのか？ 3. そのために私たちは何をなすべきなのか？ ● 目的：会社の存在意義を考え、全員が共感できる価値を見出す
④パーパスの言語化	● 言語化のポイント 1. 自社ならではの方法（例：ソニーでは「クリエイティビティとテクノロジーの力で」） 2. 対象とする相手（例：世界） 3. 提供する価値（例：感動で満たす） ● 魅力的で共感を得られる形で、パーパスを表現する
⑤パーパスのまとめ方	● プロセス：キーワードを付箋に書き出し、グルーピングして短い文章にまとめる ● 注意点：思いが込められた内容を重視する
⑥チーム発表の実施	● 各チームがパーパス（案）を発表し、経営者やコアチームも含めて話し合う ● 目的：徹底的に対話することでパーパスの共感を高める ● 効果：パーパスの浸透を促進

08 パーパスを策定するためのステップ

経営者がパーパスのたたき台を作成してチームに発表する

チーム発表を受けて、経営者はそれらの案を勘案してパーパスの案を作ります。その後、案をメンバーに発表し、出された意見を踏まえてパーパスを完成させます。

◇ 経営者が発表されたパーパス（案）を検討する

　チーム発表の次のステップとして、経営者は各チームの発表で示されたパーパス（案）を検討します。検討するときのポイントは次のとおりです。

---

① 「なぜこの事業を行っているか」の答えとして、自分の志や夢が示されているか

② 私たちは何をもって人や社会を幸せにするかが示されているか

・「何をもって」：私たちらしさ、私たちならではの独自性があるか

・「人や社会を」：どのようなニーズをもつ人や社会を対象とするのか

・「幸せにする」：対象をどのように幸せにするのか（どんな状態にするか）

③ 短くシンプルで覚えやすいか

④ 人が参加したくなる魅力があるか

◇ 事例：ソニーのパーパス

　ソニーのパーパスの例をもとに、具体的にどのような検討を行えばよいかをみていきましょう。

　ソニーのパーパスは、「クリエイティビティとテクノロジーの力で、世界を感動で満たす」です。このパーパスは、18年4月にトップに就任したソニーグループの会長兼社長CEO（最高経営責任者）の吉田憲一郎氏が中心となって推進して策定されたものです。吉田氏の志や夢が示されていることは間違いないでしょう。

　「何をもって」に関しては、ソニーはクリエイティビティとテクノロジーの力でと明示しています。ソニーは電子機器とゲームや映画コンテンツというクリエイティビティの力に秀でています。まさに、ソニーの独自性を示しています。

対象とする「人や社会」は、モノ（物質的な豊かさ）よりコト（体験や経験の豊かさ）へのニーズを持つ現代社会の人です。

　「幸せにする」に関しては、コトの豊かさを求める現代社会の人々が感動で満たされている状態を目指していることが示されています。

　さらに、文言はシンプルで誰にでもわかりやすいです。このパーパスで示されたソニーの活動は、参加したくなる魅力を持っているといえます。

◆ 経営者がパーパス（案）を作成する

　各チームの案を検討した上で、経営者のパーパス（案）を作ります。このとき最も大切なことは、経営者の思いが込められたパーパスを作ることです。完璧なパーパスを作ることではなくて、そのことのために自分の人生を捧げるという思いを言葉にすることです。

◆ 経営者がグループにパーパス（案）を発表する

　経営者は自分が作ったパーパス（案）をチーム員を集めて発表します。そして、そこで意見を聞きます。そして出された意見を踏まえて、経営者は検討を重ねて最終的にパーパスを策定します。

　企業文化のイメージを共有からパーパスの策定完了までは、通常数か月から半年程度かかります。単なるスローガンとは異なる私たちの存在意義を示し、すべての行動や意思決定の基盤となるものです。つまり、「私たちがどうありたいか」私たちの覚悟を決めるものです。しっかり時間をかけて策定することが重要です。

経営者とチームによるパーパス策定プロセスの要旨

ステップ	内容
チーム発表の実施	複数のクロスファンクションチームを編成し、各チームがパーパス案を作成して発表。各チームの案を基に対話を行い、組織全体の共感を醸成する。
経営者によるパーパス案の検討	各チームの案を検討。主なポイントは次のとおり： 1. 経営者の志や夢が示されているか 2. 独自性や対象のニーズが明確か 3. 短く覚えやすいか 4. 魅力があり人を惹きつけるか
経営者によるパーパス案の作成	各チームの案を基に、経営者自身の思いを込めたパーパス案を作成。完璧さよりも経営者の人生を捧げる覚悟を言葉にすることを重視する。
経営者によるパーパス案の発表と意見収集	経営者が作成した案をチームに発表し、意見を収集。出された意見を基に検討を重ねてパーパスの最終決定版を考え抜く。
パーパス策定の最終段階	最終決定版パーパスを完成させる。単なるスローガンではなく、組織の存在意義や行動指針となるものとして策定。 このプロセスには数カ月から半年程度を要する。

パーパス・ニーズ・アイデンティティの関係

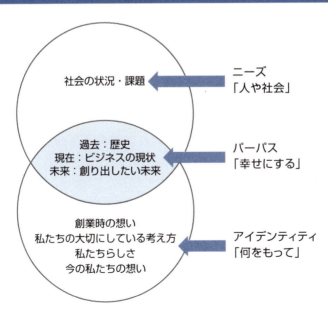

09 パーパスを策定するためのステップ

策定後のステップ①
ビジョンをつくる

策定後にはビジョンをつくることが必要になります。ビジョンには、①実現させたい理想の未来を示すもの、② X 年後に実現したい具体的目標の 2 つがあります。

◇ 実現させたい理想の未来

　パーパス策定後に考えたいのが、ビジョンです。ビジョンには、実現させたい理想の未来を示すものと、期間を定めた計画を示すものがあり、パーパスより具体的なイメージです。

　まず前者の理想の未来を示すビジョンについてみていきましょう。理想の未来を考えるにあたっては、高く大きなレベルを想定すべきです。高く大きな未来の夢はイノベーションや発想の転換をもたらします。

　前節でも紹介したソニーのパーパスは「クリエイティビティとテクノロジーの力で、世界を感動で満たす」です。ソニーはそのパーパスを柱としてより明確な時間軸で具体的にイメージできる到達点を「クリエイティブエンターテインメントビジョン」として示しています。

　このビジョンのキーメッセージが「Create Infinite Realities」で、フィジカルとバーチャルが重なる多層的な世界をシームレスにつなぎ、クリエイターと共にクリエイティビティとテクノロジーによる無限の感動を届けるというものです。具体的には日本のアニメや映画、ゲーム、音楽などの IP コンテンツの価値を飛躍的に高める新たな技術を生み出していくビジョンを示しています。そして、その技術を生み出すための技術開発に対する投資と人材育成を進めています。つまり、夢に向けての具体的な How も示されています。

　ここでいうビジョンは長期的（10 年以上先）にこうなりたい、こうありたいというワクワクする未来のイメージです。未来の夢といえます。その夢はソニーの例でも示されているように、自社だけではなく、クリエイターやアーティスト、そしてゲームや映画、音楽を楽しみ、感動体験を得る私たちにとってもワクワクし、共感を生むものになっています。このように人や社会を幸せにするものであることが大切です。

◆ X年後に実現させたい具体的目標

もう1つ考えるべきビジョンが「X年後に実現させたい具体的目標」です。これは3～5年先の中期経営計画であり、年数を示して20〇〇年ビジョンといった言い方が一般的です。上記の実現させたい理想の未来をさらに短い時間軸で具体的で定性的・定量的な目標に落とし込んだものです。

いままでにない新しい〇〇を創るという目標は定性的な目標です。売上や利益といった財務数値は定量的な目標です。財務数値以外に新製品の売上比率やリードタイム日数、マーケットシェアといった数値も重要な目標になります。高い目標を立てて、それをなんとしてでもやり遂げるようにすることが経営者の役割です。

私たちと社会を幸せにする大きな夢のイメージとそれをどのように実現していくか、ビジョンはキーワードに加えてワクワクするシナリオやストーリーが必要です。ストーリーでビジョンを共有していきます。

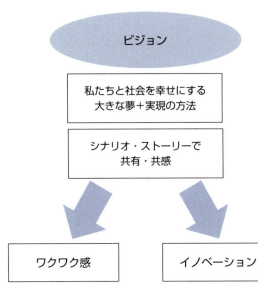

ビジョンとは

10 パーパスを策定するためのステップ

策定後のステップ②
バリューをつくる

バリューとは「組織が大切にする価値観、行動規範」です。「パーパスやミッションを
遂行するために社員一人ひとりが大切にすべき価値」であり、パーパスとともに考えて
いくことが大切です。

◇ なぜバリューが必要なのか？

　パーパスやミッションは普遍的であり抽象度が高いです。したがっていろい
ろな解釈ができます。そのため、一人ひとりの社員が具体的にどうしたらい
いのかイメージすることが難しいのです。

　例えば、カレーのチェーン店で有名な壱番屋のミッションは「経営を通じ人々
に感動を与え続け、地域・社会に必要とされる存在となること」です。このミッ
ションに加えて、壱番屋では従業員の行動指針を示した社是（バリューといえ
ます）として「ニコニコ・キビキビ・ハキハキ」を定めています。非常にわかり
やすく、従業員がどのように仕事をすべきか明確です。

　社員一人ひとりがどのような価値観を持ち、どのように行動していけばよ
いかがわかればパーパスやミッション、ビジョンの実現に足並みをそろえて進
むことができます。

◇ バリューのベースになる価値観

　大切にすべき価値観を考えるときに、これまでのやり方や考え方を振り返
ることは大切です。自身が大切にしてきた価値観や考え方、こうありたいと
努力を続けてきた考え方などについて振り返ります。過去の成功事例を振り
返って、どのような行動をとったのか、その行動をとったのはどういう思いや
考えを大切にしているかなどを考えます。そこに価値観があるのです。

　成功事例だけでなくて、どうしても許せなかったことや、信条に基いて奮闘
したことなどを振り返って、その行動をとったときにどう感じたかを思い出し
てください。そこにより個性のにじむ価値観が見いだせるでしょう。

　それらがバリューのベースになります。パーパスやビジョンと同じように、
経営者の強い思いがこもった言葉であることが大切です。策定のポイントは
図表に示すとおりです。

パーパスを策定するためのステップ**3**

⑩策定後のステップ②バリューをつくる

　また、策定はパーパスやビジョンと同じプロセス、つまり経営者が従業員のクロスファンクションチームの発表を勘案して策定するようにしてください。従業員にバリュー作成に参加してもらい、自分事であるという感覚を高めて浸透させることが重要です。

バリュー策定のポイント

① **短くシンプルで覚えやすいこと**

　従業員に実践されることが目的なので、覚えやすいものであること。

② **3つから5つに絞る**

　多すぎると従業員が覚えきれないため、覚えやすい数であること。

③ **パーパスやビジョン達成に寄与すること**

　パーパスやビジョンの達成にあたり必要なものであること。

④ **独自性があること**

　どこかで見たようなバリューではなく、経営者の強い思いのこもったものであること。

パーパスを策定するためのステップ

策定後のステップ③
ストーリーをつくる

自社の創業の志と歴史、そして創造したい未来と大切にする価値観をストーリーとして示すことは、パーパスやビジョン、バリューの浸透に必要です。

◆ ストーリーとパーパスの自分事化

「私たちはこういう志をもってこんな歴史を歩んできた。そしてこのような未来を創造したい（パーパス・ビジョン）。したがってこういうことを大切にしていく（バリュー）」というストーリーと、これまでの自社の歴史の中でパーパスやバリューを象徴的に示す事象のストーリーは、パーパスの浸透に必要です。なぜならパーパスやバリューだけではまだ感情に訴える力が弱いからです。

人が本当に心から納得するためには、共感し共鳴することが必要です。ストーリーには、人の思いや志がこもっており、それが共感と共鳴を引き起こします。共感や共鳴は、その人の個人的な経験や考えに響くものです。そこから、パーパスやバリューが自分にとって大切であるという自分事化につながります。

◆ ストーリー：リッツ・カールトンホテルの事例

リッツ・カールトンの伝説的なサービスは、パーパスとバリューを体現するストーリーとして語り継がれています。3-2で紹介した忘れ物の書類を従業員が飛行機で直接届けたビジネスマンのエピソード以外にも次のようなものがあります。

結婚記念日に宿泊の予約をしようとしていたあるお客様は、二人の思い出がある海の見える部屋に宿泊することを楽しみにしていました。しかし、あいにくリッツ・カールトンの部屋はすでに満室でした。そこで、リッツ・カールトンは他のホテルに連絡を取り、素晴らしい景色の海の見える部屋を手配しました。多くのホテルが「空室がない」と断るところを、リッツ・カールトンは「お客様の感動」という価値を追求し、二人の大切な記念日を特別なものにするため最善を尽くしたのです。

パーパスを策定するためのステップ **3**
⑪策定後のステップ③ストーリーをつくる

リッツ・カールトンでは、従業員一人ひとりがホテルを代表し、お客様の人生に一生忘れられない体験を提供することを使命としています。「単なる高品質なサービス」にとどまらず、顧客の期待を超えた卓越した体験を提供する——その精神こそが、パーパスを実践し続ける源泉であり、リッツ・カールトンのサービスの「神秘性」と呼ばれる所以です。

このようなストーリーに触れたときに、従業員はパーパスの意味を理解し自分がどういう行動をすべきかということを明確に理解できるようになります。

◇ 従業員に自分のパーパスを持つことを奨励する

会社にパーパスがあるように、自分にもパーパスがあるべきでしょう。それは明確な考えとしてまとまっていないかもしれません。そうであれば一度じっくりと考えてみてはどうでしょうか。自分は何をするために生きているのか、自分はこの人生で何を成し遂げたいのか、自分の人生の目的は何かなどを深堀りするのです。

会社のストーリーが伝えるパーパスに自分の生き方や考え方が重ねることができれば、幸せな状態といえます。その重なりが大きければより幸せでしょう。したがって経営者は従業員に自分のパーパスを考えることを奨めることで、パーパスの自分事化と浸透を推進することができます。

12 パーパスを策定するためのステップ

策定後のステップ④
人事評価基準をつくる

人事評価はその人のパフォーマンスとコンピテンシー（行動特性）の2軸で行います。
それらのベースとなるものは、パーパス、ビジョンとバリューです。

◇ パフォーマンスの評価

　策定後のステップとして、人事評価基準をつくることも大切です。そのときの軸の1つが、**パフォーマンス**です。個人のパフォーマンスの評価は、パーパスやビジョンの達成のための目標を個人の目標に落とし込んだものを基準として査定します。

　まず、パーパスやビジョンをベースに事業計画を策定し、その事業計画を達成するための部門の目標を決めます。従業員には、その部門の目標を達成するために自分ができること、貢献することを自分で考えて目標を設定してもらいます。そして上司とすり合わせて目標を最終決定します。その目標は上司から強制されたものではなく、自分で決めた目標なので、自主性やモチベーションが高まります。

　この方法は経営学者のピーター・ドラッカーが提唱した**MBO（目標管理制度）**という手法です。多くの企業がMBOを使っています。ただ、その評価制度は最終的にパーパスやビジョンを達成するためのものであるという認識を、評価する側もされる側も持つことが大切です。単に給与やボーナス、昇格を決めるためのものではないということです。その評価制度を活用して、人材を教育し開発してパーパスに向けて進んでいくという姿が正しいあり方です。

◇ コンピテンシー（能力・行動特性）の評価

　コンピテンシーとは、特定の業務や役割を遂行するために必要とされる知識、スキル、行動、考え方、態度、能力などを指します。会社が求める働き方ができているかということです。そしてそのベースとなるのは会社のバリューです。つまり自社が大切にする価値観です。

　コンピテンシーの中でも特に大切なものは「考え方」です。京セラ創業者の稲盛和夫氏は仕事において一番大切なことは「考え方」であると述べていま

す。知識、スキル、能力も大切ですがそれ以上に会社の大切にする価値観に沿った「考え方」や「行動」ができているかに重点を置いて評価します。

会社のバリューを理解し、行動している度合いを5段階に分けてつくります。例えばバリューにチームワークという要素があれば、低い評価から、①協力性が乏しい、②必要最低限の協力、③基本的な協力、④積極的な協力、⑤模範的な協力といった基準（実際にはもっと細かい基準になりますが）を策定します。

◇ 運用の仕方

期首に会社の事業計画が発表されるとそれに基づいて部門目標を決めます。そして部門目標を達成するために、部門長と個人が話し合って個人目標を決めます。期中には、半期終了時点で中間評価を行います。目標への進捗を評価して部門長から個人へのフィードバックとアドバイスがなされます。期末になると、目標達成のレベルから評価を決定します。

特に期中と期末のフィードバックはとても大切です。部門長には、なぜB評価なのか、どうしたらAを達成できるのかといった話し合いの中で、従業員と具体的な方法を一緒になって考えて、従業員のモチベーションを高め、サポートしていく姿勢が求められます。

中間評価に加え、毎月1回以上の**One on One**ミーティングを実施し、頻繁にフィードバックを行うことで、目標の達成と部下の成長が一層期待できます。

チームワークにおけるコンピテンシーの評価基準の例

低い評価から①〜⑤の基準を策定
①協力性が乏しい
②必要最低限の協力
③基本的な協力
④積極的な協力
⑤模範的な協力

13 パーパスを策定するためのステップ

〈部門のパート〉部門長が果たすべき役割：パーパスとバリューの浸透プロセス

どんなに素晴らしいパーパスやバリューであっても、それを理解し実践していくのは一人ひとりの従業員です。部門長は従業員がどのような段階を経てパーパスやバリューを行動に移せるかを理解して、サポートしていく必要があります。

◇ 若手がパーパスやバリューを理解し、実践していくプロセス

　パーパスやバリューは一般的には抽象度の高い表現のものが多いです。したがって、その文言にいろいろな解釈ができる余地が大きいです。仕事の経験の浅い若手の場合は、その文言だけでは具体的に何をどうすればよいのかわからないケースが多いでしょう。

　それでも、これまでの人生経験の中で大切にしてきた価値観はあります。まずは、その価値観をパーパスの中に見出そうとします。そして、そのパーパスに沿った行動をしている先輩社員や上司を見出します。特に最初の配属先の上司や先輩社員の影響は大きいものがあります。上司が新人研修や定期的なミーティングで語る仕事に対する姿勢が、若手社員にとって重要な指針となることが多いです。また、仕事のやり方や考え方についての実践的な指導もパーパスやバリューの理解にとってとても重要です。

　例えば「誠実に仕事をする」というバリューは、忙しいにもかかわらず時間をとって仕事のやり方を丁寧に教えてくれる上司や、どれだけ厳しい内容の指示であってもあきらめないで明るくやりきる先輩社員などを想像できるでしょう。そして、その上司や先輩社員に尊敬や憧れの気持ちを抱くことも多いです。

　ただ、実際の仕事をしていく中で自分の解釈するパーパスと、仕事に要求されているものの間に違いが感じられることがあります。例えばより良いものをつくるということと、納期を間に合わせるということに矛盾を感じることもあります。そのときに、上司や先輩から自社のやり方、考え方をどれだけ聞いているかが重要になります。例えば、上司や尊敬する先輩社員から、「仕事とはその矛盾をどう解決していくかということであり、その解決がお客様に感動を与える」といった話を繰り返し聞くことでパーパスをその会社の社員と

しての一体感をもって理解することにつながります。

このように上司や先輩社員の後ろ姿や、仕事をする際の行動と疑問、そしてまわりからの指導やアドバイスをとおして、若手社員は組織の一員としての自覚と自信を養っていきます。

◇ 部門長としてなすべきこと

自部門の社員は上記のような過程をとおしてパーパスを実践できる社員に育っていきます。部門長として大切なことは、まず自分自身が強い熱意と志をもってパーパスを実践することでしょう。部門長は、ただ話すだけでなく、行動をもって示すことが重要です。例えば、困難な決断を迫られる場面で自ら率先して動く姿を見せることで、部門全体に信頼感を与えます。また、部門の目標を共有する際には、社員全員に理解しやすい言葉で説明し、質問を受け付ける時間を設けると良いでしょう。さらに、日常の業務中に社員が疑問を抱いたり行き詰まったりした際に、迅速に対応できるよう、部門長自身が開かれた態度を保つことも重要です。その後ろ姿はきっと若手社員や部門の社員達から敬意をもった視線を受けることになるでしょう。

そして、できるだけ頻繁に部門の社員と話す機会を持つことが大切です。そのためには、毎日の朝礼におけるパーパスやバリューの対話や月に１回以上の人事評価のための One on One ミーティングをしっかり行うことです。One on One ミーティングでは、単なる業務報告に終わらせるのではなく、社員の個人的な目標や価値観を深掘りすることが大切です。例えば、「この仕事でどのような成長を目指していますか?」や、「最近仕事の中で最も達成感を感じた瞬間は何でしたか?」といった質問を通じて、社員一人ひとりのモチベーションを探ることができます。また、こうした対話の中で社員が感じている課題や改善点を具体的に把握することで、部門全体の効率改善にもつながる貴重な情報を得ることができます。

そして、その際には必ずその社員に期待をかけることと前向きに励ますことを続けてください。そして、実はその繰り返しの対話で一番成長するのは、部門長自身であることも忘れないでください。

(4) パーパスの従業員への
浸透とパーパスブック

本章ではパーパスの従業員への浸透にあたり活用できるツールとして
「パーパスブック」を取り上げます。パーパスブックを用いることによる
効果やメリットなども紹介します。

01 パーパスの従業員への浸透とパーパスブック

「パーパスブック」とは

パーパスブックとは経営者の経営理念を明確にして、社内に浸透させて共通の目的に向かって協力する卓越した企業文化を創るためのツールです。

◆「パーパスブック」と卓越した企業文化

「**パーパスブック**」は、自社の全員が理解すべき経営理念(パーパス、ビジョン、バリュー)と守るべきルールをわかりやすく記述した手帳サイズの冊子です。従業員が共通の目標に向かって一丸となって取り組む、卓越した企業文化を創り出すためのツールです。

卓越した企業文化とは、次のような状態を指します。

---

① 従業員の心の支えとなり、組織全体を統一する経営理念(パーパス、ビジョン、バリュー)が存在する。

② 経営理念が従業員に浸透し、実践されている。

③「この会社で働きたい」「何らかの形で貢献したい」と思わせる魅力がある。

④ 従業員が主体的かつ自発的に創造性を発揮し、その可能性を最大限に引き出せる環境が整っている。

⑤ 優れた企業文化をさらに強化し、従業員が適切な行動を取るよう促進する仕組みがある。

⑥ 従業員が常にお客様に感動を提供することを考え、その実践に努めている。

⑦ 感動が企業活動の根幹に位置し、その精神がすべての活動にも活かされている。

このような状態を維持し発展させることが、卓越した企業文化の証といえるでしょう。「パーパスブック」は上記の①②に示されている経営理念を従業員に浸透させて日々の仕事において実践していくために必須のツールです。

そして、「パーパスブック」の運用によって上記の③〜⑦の状況を創り出します。

◇「パーパスブック」の主な内容

　主な内容は、①会社に関すること、②仕事に関すること、③職場で守るルールの3つです。

　次節以降からは、パーパスブックの効果について記します。

① 会社に関すること	経営理念（パーパス、ビジョン、バリュー）や自社の沿革、事業計画などの従業員が理解すべき会社に関する重要な情報を掲載します。
② 仕事に関すること	あいさつ、朝礼、報連相、会議のルールなどふだんの仕事で守っていくこと、基本的なマナーなどを示します。
③ 職場で守るルール	就業規則の重要な部分をわかりやすく解説します。

◇ パーパスブックを活用した組織の活性化

　組織論には「20：60：20の法則」があります。上位20％は意欲的に働く人、中位60％は与えられた業務をこなす平均的な人、下位20％は意欲の低い人に分類されます。（一部では「3：80：17」と表現される場合もあります。）

　パーパスブックは特に中位60％の従業員に焦点を当てたツールです。会社の価値観を明確化し、組織全体で思考、行動、判断基準の統一を図ります。経営者の目指す方向性や方針が明確になることで、従業員の主体的な問題解決が促され、意欲向上が期待できます。

　パーパスブックを理解することで、従業員は迷いなく自信を持って取り組めるようになり、ミスが減少します。上司も同じ内容を繰り返し教える負担が減り、部下と上司双方のストレスが軽減されます。

　具体的な使い方や効果は後述しますが、パーパスブックは企業と従業員の双方に大きなメリットをもたらします。

　例えば、企業内で人間関係がぎすぎすし、上司が部下に慎重に接する必要があったり、部下が上司を恐れて意見を言えなかったりする状況を刷新する上で有効です。正しい仕事の進め方を明示することで、活気ある職場文化を育む助けとなります。

パーパスの従業員への浸透とパーパスブック

パーパスブックの効果①経営者が伝えたいことが正確に伝わる

文章にすることで、経営者の思いや考えが従業員に正確に伝わるようになります。

◆ パーパス、ビジョン、バリューを理解しやすく伝える

　経営理念であるパーパス、ビジョン、バリューは一般的に抽象的な文言になりがちです。できるだけ「自社らしい」言葉で伝えたいわけですが、簡単ではありません。パーパスブックの項目の中には、創業の思いや、パーパスを決めた背景・思い・ストーリーなどの項目があります。

　従業員がその文章を読むことで従業員は経営理念を抽象的な概念ではなく具体的なイメージとして理解できるようになります。たとえば、創業時のエピソードや、実際の業務でどのようにパーパスが活かされているかを例示することで、従業員は「会社が何を目指しているのか」を直感的に把握できます。

　最初は曖昧な理解でとどまっていた従業員も、毎日の朝礼や日々の業務の中で繰り返し触れることで徐々にパーパスを覚えます。そして、憧れる先輩や上司の言葉や行為、励ましや叱責を受けながら経営理念の意味するところを会社組織の一員として深く理解するようになります。

◆ 仕事のルールが明確になる

　経営理念は自社が何のために存在するのか、自社の目的は何かという経営の最重要事項です。これに加え、経営者は従業員が迷いなく力を発揮できるように、仕事のルールもパーパスブックに明確に示します。

　朝礼、報連相、会議などのやり方、あいさつや言葉遣いのマナーなども含めて自社のやり方を明示します。これにより、従業員は「自分が何をすべきか」を正確に理解し、効率的に業務を遂行できます。

◇ ルールの作成プロセス

　重要なのは、これらの仕事のルールを経営者が一方的に決めるのではなく、従業員にも参加してもらい作成することです。

　従業員はパーパスブックの作成に参加することで、自分事であるという感覚を高めます。その結果、パーパスやルールの浸透がしやすくなり、生産性を高めることになります。若手社員であってもルールを守ることで、迷うことなく仕事をすることができます。

◇ ルールが組織に与える効果

　一般にルールというと縛られるもの、自由が制限されるものというふうに考える人もいますが、そうではありません。ルールのない組織は何が正しいのかわからないので、非効率で安心して働くことができません。一方でルールが明確な組織では、それさえ守っていれば思う存分仕事もできます。ルールを無視した権限乱用が横行する組織に安心感はありませんし、従業員の能力を存分に発揮できることもありません。生産性も著しく損なわれます。パーパスブックを通じてルールを明示し、従業員の行動基準を統一することで、健全で生産性の高い組織文化を築くことができます。このような文化があれば、従業員一人ひとりが安心して力を発揮できる職場環境が実現します。

　パーパスブックは、単に経営理念を記載するだけでなく、組織全体の生産性向上や文化改革のための強力なツールです。

03 パーパスの従業員への浸透とパーパスブック

パーパスブックの効果②コミュニケーションがとりやすくなる

パーパスブックによって価値観やルールを共有化することで、コミュニケーションが良くなり、生産性が改善し、従業員のエンゲージメントが高まる効果が見込めます。

◆ パーパスブックの導入による無駄なコミュニケーションの削減

　自社のパーパスやルールを明記したパーパスブックを従業員に配布することは、組織内のコミュニケーションを円滑にする上で非常に有効です。パーパスブックは、経営者の価値観や自社のルールを従業員に浸透させるための重要なツールとなります。企業として何を重視し、何を避けるべきか、またどのように正しく仕事を進めるべきかを具体的に示すことで、従業員が共通の理解を持ち、無駄なコミュニケーションを削減できます。

　一般的に企業において、従業員がコミュニケーションに費やす時間は全体の仕事時間のうち30～50%程度とされています。この時間には、会議やミーティング、メールのやり取り、報告、意思決定のための相談などが含まれますが、その中には非効率なコミュニケーションも多く含まれている可能性があります。ある調査によると、従業員が日常的に行うコミュニケーションのうち、30%が無駄な時間であるとされています。ポリシーブックやパーパスブックがこのような無駄なコミュニケーションを半減させることができれば、生産性は飛躍的に向上するでしょう。無駄な時間が削減されることで、従業員は本来の業務に集中でき、結果として業績にポジティブな影響を与えることが期待されます。

◆ 組織内コミュニケーションの質向上と一体感の醸成

　パーパスブックを活用することで、コミュニケーションに関する他のメリットも生まれます。従業員間の意思疎通がスムーズになることで、誤解やミスコミュニケーションが減少し、チーム全体の協力体制が強化されます。これにより、業務プロセスが効率化されるだけでなく、従業員のモチベーションも向上し、組織全体のエンゲージメントが深まります。

　また、パーパスブックを通じて、従業員が企業の価値観を理解し、それに

基づいて行動することで、会社全体の一体感が生まれます。この一体感が、組織内のコミュニケーションをよりオープンかつ効果的にし、従業員が積極的に意見を交換する文化を醸成します。結果として、問題解決のスピードが上がり、イノベーションが促進される可能性も高まります。

このように、パーパスブックの配布は、単なるルールの伝達を超えて、コミュニケーションの質を向上させ、組織の生産性やエンゲージメントを高める重要な手段となり得ます。

パーパスブックの効果

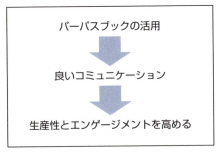

04 パーパスの従業員への浸透とパーパスブック

パーパスブックの効果③従業員の判断基準や行動指針となる

パーパスブックは従業員の業務に対する理解や判断基準を高め、主体的に仕事ができるようにする効果をもたらします。

◆ パーパスブックの2つの効果

　パーパスブックによって、経営理念（パーパス、ビジョン、バリュー）から自社が本当に成し遂げたいことについての理解を深めることができます。また従業員は、その中での自分が仕事でなすべきことを自主的に考えることができるようになります。

　一方、仕事のルールや業務規則の記述から、やるべきこととやってはいけないことの区別が明確につくようになります。この2つによって、従業員は判断に迷うことなく、積極的に業務に取り組めるようになります。以下では、それぞれの具体的な効果についてみていきます。

◆ 経営理念（パーパス、ビジョン、バリュー）と従業員の主体性

　経営理念の記述だけでなく、創業者の思いや経営者からのメッセージ、そして会社の歴史などから、たとえ経営理念が抽象的な文言であっても、自社が大切にしたい目的や価値観を生き生きしたイメージとして把握することができます。従業員は、その目的や価値観の中で自分が果たすべき役割や行動はどうあるべきかを主体的に考えられるようになります。だれに命じられるでもなく、主体的にどのように行動するべきかを考えることから、成長が生まれます。

　例えば、「お客様に素晴らしい体験をしてもらう」ということがバリューである場合、従業員はお客様とのこの約束をどう果たすべきかを考えます。どのようにしてお客様と本物の素晴らしいつながりを持つのかを、自分なりに解釈します。明るい親しみのある態度で「こんにちは!」と挨拶する、お客様が商品を取りにくそうにしていたらすぐに助ける、お客様が不安そうな様子であれば「どうかされましたか?」と声をかける、といったことを自分で考えます。

　上司に1つひとつ命じられることなく、正しい行動が主体的にできるように

なり、卓越した企業文化が生まれることになります。

◇ ルールや業務規則と従業員の主体性

　一般にルールや規則というと、守らなくてはならない、どちらかというとあまり好まれないもののように思われます。主体性とは逆のイメージがあるかもしれません。しかし実際にはルールがあるのでそれさえ守っていれば、迷いなく思い切って仕事ができるというプラスの効果もあります。余計な気を遣う迷いや躊躇、遠慮がなくなります。「今日は経営陣が出席する会議だけど、会議の手順はどうしようか」「あまり芳しくない進捗状況だけど、上司にはどのような順番で報告しようか」といったことも、手順やルールを決めておけばさっさと仕事を進めていけます。後者の例であれば、「会議では結論から簡潔に説明して、次にその理由や経緯を話す」といったルールがあれば、判断に迷うことはないでしょう。また、話を聞く上司もルールを理解しているのでコミュニケーションはスムーズに進みます。

　ルールや規則さえ守っていればという安心が自分を支え、仕事を積極的に進める力になります。上司やお客様、取引先にも言うべきことはしっかり話し、主体的に仕事を進めることができるようになります。

05 パーパスの従業員への浸透とパーパスブック

パーパスブックの効果④従業員のモチベーションが上がる

パーパスブックは、経営者と従業員の間にある認識のギャップを埋め、従業員の主体性を育むツールです。また、価値観の共有を通じて職場のコミュニケーションを円滑にし、エンゲージメントとモチベーションを高めます。

◇ パーパスブックがギャップを埋める効果

パーパスブックは、経営者が持つビジョンやパーパスと、従業員の理解との間にあるギャップを埋める手助けをします。多くの企業では、パーパスや理念が経営層から一方的に伝えられることが多く、従業員がそれに共感しきれないことがあります。このような場合では、従業員がそれを自身の業務にどう結びつけるべきかをイメージできず、結果として理解が浅くなることがあります。このギャップを埋めるには、理念を単なる言葉としてではなく、従業員の日常業務や行動と具体的に結びつける必要があります。そこで、パーパスブックを通じて、企業の歴史や創業者の思い、経営者のメッセージを従業員に共有することで、従業員が会社の理念に共感しやすくなります。例えば、創業当初の困難を乗り越えたエピソードや、実際の業務で理念が活かされた具体例をパーパスブックに記載することで、従業員は「自分もその理念の一部になれる」という実感を持つようになります。

さらに、パーパスブックには従業員が策定に関与して作成したルールやマナーも含まれており、従業員自身が主体的にその策定プロセスに参加することで、組織の一員としての自覚が高まり、結果的にエンゲージメントとモチベーションが向上します。

◇ 自己成長を促すパーパスブックの役割

パーパスブックは、単なる会社の情報共有ツールにとどまらず、「自分が成長し、会社とともに発展する」ためのビジョンを具体的に示すものです。これにより、従業員は自身が目指すべき方向性を明確にでき、自分のスキルや経験を積み重ねることが会社全体の成長に貢献するという実感を得られます。例えば、従業員が具体的な目標やスキルアッププランを明記し、それがパーパスブック内で会社の中長期的なビジョンとリンクしている場合、個人の成長

が会社全体の発展と直結していると強く認識できます。

そして、パーパスブックを通じて自身の成長が企業のミッションや目標に直結することを理解することで、仕事に対する責任感や主体性が自然と高まります。このように、個人の成長意欲を刺激しつつ、全体の目標と調和させる役割を果たすことで、従業員のモチベーション向上を実現します。そして、これらの要素が相互に作用することで、組織全体のパフォーマンス向上にも大きく寄与するのです。

◇ 価値観の共有が生むコミュニティと誇り

パーパスブックを活用し、全従業員が共通の価値観やルールを共有することで、職場でのコミュニケーションが円滑になります。共通のパーパスとルールを共有することで、上司や同僚、さらには他部門のメンバーともスムーズに協力できるようになり、職場内での信頼関係が強化されます。例えば、新しいプロジェクトが立ち上がる際、部門間のメンバーが共通のルールを基に協力することで、スムーズな意思決定や迅速な問題解決が可能になります。このような連携が信頼関係を強固にします。また、価値観を共有することで、困難な状況や課題に直面した際に、従業員同士で支え合う文化が生まれます。この文化が、個人だけでなく組織全体のレジリエンス(回復力)を高めます。

さらに、従業員同士が仲間としての認識を深めることで、信頼と尊敬が自然に生まれます。

結果として、従業員は自分が社会に貢献する特別な集団の一員であるという誇りを感じるようになり、この誇りが日々の業務にやりがいを与えます。このようにして、エンゲージメントとモチベーションが向上し、企業全体のパフォーマンスが向上するのです。

06 パーパスの従業員への浸透とパーパスブック

パーパスブックの効果⑤経営者や部門長のモチベーションが上がる

パーパスブックを正しく活用することで、経営者や部門長のモチベーションが高まる理由を3つのポイントで説明します。

◆ 価値観の共有と従業員の主体性向上

　　パーパスブックに記載されたパーパス、ビジョン、バリュー、そして創業者の思いや経営者からのメッセージを通じて、従業員は経営者や部門長の価値観を様々な角度から深く理解することができます。このように価値観を共有することで、従業員は共感し、自分自身の業務目標に向けて「何をすべきか」「どう仕事を進めるべきか」を主体的に考えるようになります。従業員の基本的な価値観が経営者や部門長と一致しているため、従業員が自主的に行う仕事の方向性は自然と経営陣の考えに沿ったものとなり、管理側の指示や叱責の必要性が大幅に減少します。こうして、経営者や部門長は指導の負担を軽減できるようになります。

◆ 前向きなコミュニケーションの促進

　　従業員が主体的に仕事に取り組むようになると、経営者や部門長とのコミュニケーションも前向きで建設的なものへと変わります。経営者や部門長が何度も同じ指示を繰り返さなければならない組織や、頻繁に従業員を注意したり叱責したりする必要のある組織でも、パーパスブックを活用することで、従業員は自ら考え、主体的に行動するようになります。その結果、コミュニケーションはより円滑で建設的なものとなり、日々の業務をスムーズに進めることができます。また、従業員の成長を促すような対話が増え、職場の全体的な雰囲気も前向きに改善されます。

◇ 従業員の成長と企業成果の向上

　従業員が指示待ち型の姿勢から、自ら考えて行動できるようになることで、彼らの潜在的な能力がより発揮されるようになります。従来は指示を受け、それをそのまま実行するだけだった従業員も、自分の考えで業務に取り組むようになり、成果が高まります。

　経営者や部門長は、従業員の自主性と成長を実感できるため、それが大きなやりがいとなります。従業員が積極的に仕事を進め、成長していく姿は、経営陣にとって喜ばしいものであり、単に業績の向上以上の満足感を得ることができます。結果として、企業全体の生産性が向上し、売上や利益にも良い影響を与え、企業の成長へとつながります。

　このように、パーパスブックを正しく活用することで、従業員の成長が促され、企業成果の向上とともに経営者や部門長のモチベーションが大きく高まるのです。

07 パーパスの従業員への浸透とパーパスブック

パーパスブックの効果⑥企業価値が上がる

企業文化の強さが企業価値の向上に密接に関連していることは、1-9で紹介したとおりです。パーパスブックは、その強い企業文化を創り出すための有力な手段であり、ひいては企業価値を高めるための強力なツールであるといえます。

◇ 強い企業文化と財務的パフォーマンスの関係

　1-9で紹介したように、ハーバードビジネススクールのジョン・P・コッター教授やスタンフォード大のジェームズ・C・コリンズ教授、早稲田大学の広田真一教授の研究によれば、強い企業文化を持つ企業は、そうでない企業に比べて売上や利益、株価などの財務的パフォーマンスで圧倒的な差を示しています。パーパスブックを正しく活用することで、強固な企業文化を築くことができ、その結果、企業の財務的成果も向上します。強い企業文化は、従業員が会社の目標や価値観を深く理解し、共有することで、組織全体の一体感を生み出し、それが企業価値の向上へとつながります。

◇ コミュニケーションの改善と生産性向上

　パーパスブックを使用することで、上司と部下、または異なる組織間のコミュニケーションが円滑になり、生産性の向上が期待できます。これは、日々の業務における指示や報告の質が向上するだけでなく、組織全体が共通の目標に向かって効率的に動けるようになるためです。生産性の向上は、コスト削減や業務の効率化をもたらし、結果的に企業の利益に貢献します。パーパスが全員に浸透している企業では、従業員一人ひとりが自分の役割を明確に理解し、能動的に行動するため、組織全体のパフォーマンスが向上します。

◇ パーパスブックがもたらす組織変革とイノベーション

　パーパスブックが示す方向性やビジョンが組織内で共有されることで、企業は短期的な利益追求を超え、中長期的な視点で新規事業開発や新製品の創出に取り組むことが可能になります。ハーバード・ビジネス・レビューのレポートによれば、自社に明確なパーパスを持つとした経営者の53％がイノベーショ

ンを伴う取り組みに成功しているのに対し、パーパスが策定されていない企業ではその割合が19％にとどまるとされています。つまり、明確なパーパスが企業のイノベーション推進において重要な役割を果たしているのです。

　パーパスが浸透した組織では、従業員は一貫した軸に沿って行動し、開発や革新へと自然にドライブがかかります。特に、パーパスに基づくイノベーションは金銭的な利益だけでなく、人々や社会にとって価値ある成果を生み出すことに焦点を当てています。これは、企業の持続可能な成長と社会的インパクトの両立を実現する根本的なアプローチであり、近年その重要性が一層注目されています。

　また、パーパスブックの正しい活用は、従業員の主体性を引き出し、イノベーションにおいても彼らの能力を最大限に発揮させます。従業員一人ひとりを大切にし、育成する企業文化が形成されることで、組織全体のパフォーマンス向上につながります。その結果、企業価値が高まり、長期的な競争力を維持する基盤が強化されます。

　このように、パーパスブックを中心に据えた企業経営は、社会的意義と収益性を両立させる持続可能な未来を切り開く鍵となるのです。

パーパスブックが企業価値にもたらす効果

- コミュニケーションの改善 ➡ 生産性向上
- イノベーションの推進
- 従業員の育成 ➡ 企業のパフォーマンス向上

企業価値の向上

08 パーパスの従業員への浸透とパーパスブック

浸透させるためのポイント①
従業員と共に作成する

パーパスブックは大きく3つのパートに分けることができます。従業員にもパートの一部の作成に携わってもらうことで、パーパスがより浸透しやすくなります。

◆ パーパスブックの3パート

　パーパスブックは、大きく分けて「会社に関すること」「仕事に関すること」「職務規定」の3つのパートで構成されています。第3章で述べたように、最終的にパーパスは経営者が決定しますが、その過程で従業員によるグループワークショップを活用することが推奨されます。

　また、仕事のルールについては従業員が策定し、従業員自身が作成したパーパスブックという意識を醸成することで、パーパスとルールの浸透を促進します。それぞれのパートについて説明します。

◆ 会社に関すること：経営理念・事業計画・経営方針のパート

　「会社に関すること」は経営理念、事業計画、経営方針の項目からなります。
　「経営理念のパート」は、創業の思いや、パーパスを決めた背景、ストーリー、パーパス、ビジョン、バリューといった要素から構成されています。
　このパートは経営者とコアチームが中心となって策定しますが、パーパス自体については、複数の従業員チームがパーパスを策定し、発表するプロセスを取り入れ、その内容を経営者が参考にして最終的な決定を行います。
　さらに、経営者は従業員にパーパスに関するレクチャーを行い、優れた企業文化のイメージを共有します。従業員の声を反映させるために、グループディスカッション、ワークショップ、アンケート、インタビューなども実施し、従業員の意見を反映したパーパスを作り上げることを目指します。
　このような努力を通じて、従業員は自分たちの声が反映されたパーパスだという認識を持つようになります。その結果、パーパスブックの「経営理念のパート」が完成します。
　また、「事業計画のパート」には、パーパスを実現するための中期計画と事業計画が示されます。これらは経営者の事業方針に基づいて各部門の協力

で策定するものです。「経営方針のパート」は教育、営業、商品、新規事業など重要な経営方針について経営者が示します。

仕事に関することのパート

　パーパスブックの「仕事に関することのパート」には、挨拶、言葉遣い、朝礼の手順、報連相、会議のルール、チームワークのルール、コミュニケーションの方法などが含まれます。

　このパートは従業員がワークショップを通じて策定します。一度に完璧なものを目指すのではなく、まずは50 ～ 60%程度のルールを策定し、その後、3か月ごとにアンケートやワークショップを通じて修正や追加、削除を行い、徐々に改善していくプロセスを取ります。従業員が自ら策定することで、パーパスブックへの参画意識が高まり、その浸透を図ります。

職務規定のパート

　パーパスブックの最後の部分には、機密情報の取り扱いや競業避止、ハラスメントなどに関する職務規定が含まれます。既存の職務規定から重要なものを選びます。その表現も職務規定よりも従業員が理解しやすいように簡潔かつ具体的に記載します。

　さらに、規定内容についても適宜見直しを行い、現場の声を反映させることで、より実効性のあるものとします。

パーパスブックのパートと作成方法

パート	作成方法
① 会社に関することのパート	経営者が作成する
② 仕事に関することのパート	従業員が作成する
③ 職務規定のパート	既存の職務規定から重要なものを選ぶ

09 パーパスの従業員への浸透とパーパスブック

浸透させるためのポイント②
パーパスブック導入の目的を明示する

第3章で解説したとおり、パーパスは従業員と一緒になって作り上げます。その上でパーパスブックの導入の目的を明確に示すことで、従業員の参画意識をさらに高めていきます。

◇ パーパス策定のステップ

第3章のパーパスを策定するためのステップで述べたように、パーパスの策定のためには下記の手順があります。

---

① パーパスが必要である理由や効果について幹部や従業員にレクチャーをする。そのときに卓越した企業文化のイメージも共有する

② 自社の創業の志や歴史を振り返る

③ 従業員の思い、意見、価値観を聞く

④ 現在のビジネスを見つめ直す

⑤ 経営者の思いや志をシェアする

⑥ 従業員の参画によってパーパスを作り上げる

⑦ ビジョン、バリュー、ストーリーを作る

⑧ 人事評価基準にパーパスの要素を入れる

以上のようなプロセスを通して、従業員のパーパスに対する理解を高めて、パーパスが浸透しやすい状態を作ります。

◆ パーパスブック導入目的を明示する

　上記のようにパーパスの策定ステップを進めることで、パーパスについての理解は高まります。その上で、本章で述べてきたパーパスブックの導入目的を従業員に説明会で明らかにするとともに、パーパスブックにも目的を明記します。導入目的は図表のとおりです。

　以上のように、パーパス策定のステップとパーパスブック導入の目的を明示することで、従業員に「何のためにパーパスブックを導入するのか」ということについてしっかりと理解をしてもらえるようになります。

　特にパーパスブックの冒頭で、パーパスブックがどのような目的のためにあるのかを明確に示すことは大切です。下記5つの目的をそのまま箇条書きにするのではなくて、それらを参考として、何よりも経営者の思いのこもった共感を呼ぶ文章を冒頭に示すようにしてください。

パーパスブックの導入目的

① パーパス、ビジョン、バリューを理解しやすく伝える
② 仕事のルールを明確にすることで、仕事をする上での判断基準をわかりやすく示し、従業員が迷いなく力を発揮できるようにする
③ 仕事のルールを明確にすることで、従業員が主体的に仕事ができるようにする
④ 同じ価値観とルールを共有化することで、上司と部下、従業員同士の コミュニケーションが取りやすくなり、信頼関係が向上する
⑤ 以上の結果従業員の成長が図れ、企業の成果が向上する

経営者の思いと志のこもった 共感を呼ぶ文章で目的を表現しよう！

10 パーパスの従業員への浸透とパーパスブック

浸透させるためのポイント③ パーパスブックのメリットを 明示する

従業員に浸透させるにあたり、従業員にとってそもそもどのようなメリットがあるのか を整理し明示できるようにすることが大切です。

◆ 従業員にとってのメリット

経営者側からの視点ではなくて、従業員の立場に立ってパーパスブック導入のメリットを考える必要があります。パーパスの策定ステップで従業員の思いや意見をしっかりと聞きますが、その内容を反映させたメリットを考えます。

仕事の生産性が向上し、企業価値が上がるというのは経営者目線です。従業員の心に刺さるメリットを示す必要があります。3つのメリットについて下記に示します。

①「自分の存在価値」を感じられる

パーパスブックは、会社が何のために存在するのかを示す「羅針盤」です。それが明確になると、私たちはただの仕事の一部としてではなく、「自分の役割が大きな目的につながっている」という実感を持つことができます。日々の小さな努力が、会社の大きなビジョンにつながっていると感じられることで、仕事への情熱が生まれ、同じ目的を共有する仲間やその目的に賛同するお客様や取引先からも自分自身が大切にされていると感じる瞬間が増えるでしょう。

②「成長の意味」を見出せる

パーパスブックは従業員にとって単なる指針ではなく、自分自身がどのように成長し、どのように会社とともに歩んでいくかを描く「未来地図」のような存在です。自分が会社にどう貢献できるのか、また、その貢献がどのように社会に良い影響を与えるのかを理解することで、日々の挑戦が単なる課題ではなく、「自分をより良い自分に変えていくプロセス」であると感じられるようになります。

③「仲間との絆」を強く感じられる

パーパスブックは、一人ひとりが共に目指す「心の共通言語」です。それが形として示されることで、同じ志を持つ仲間とのつながりを強く感じることができます。困難なときでも、仲間と一緒にパーパスを思い出すことで支え合い、励まし合うことができ、孤独を感じることなく前に進む力が湧いてきます。会社という場が「安心して本音を出せる場所」に変わり、仕事が単なる義務から「人生の一部」と感じられるようになるでしょう。

このようにパーパスブックは、従業員が単なる業務を超え、心の底から「ここで働くことに意味がある」と感じられるきっかけを与えてくれます。

パーパスブック導入の従業員にとってのメリット

メリット	説明
①自分の存在価値を感じられる	パーパスブックは会社の目的を明確にし、日々の努力が大きな目的につながる実感を持てる。仕事への情熱が生まれ、仲間や顧客から大切にされていると感じる瞬間が増える。
②成長の意味を見出せる	パーパスブックは未来地図のような存在。自身の成長や会社への貢献が社会に良い影響を与えると理解し、挑戦が自分をより良く変えるプロセスと感じられる。
③仲間との絆を強く感じられる	パーパスブックは共通言語として仲間とのつながりを強化。困難な時も支え合い、励まし合うことで孤独を感じずに前進できる。会社が安心して本音を出せる場所に変わる。

11 パーパスの従業員への浸透とパーパスブック

浸透させるためのポイント④ 目的・メリット・導入予定の説明会を実施する

パーパスブックを作成し配布する前に、説明会によって従業員に早めに周知することが必要です。早めに伝えることで、抵抗感を和らげ従業員の心の準備ができるようにします。

◆ パーパスブック導入予定説明会

　パーパスブックを従業員に浸透させるには、早めに周知することが重要です。早期に伝えることで従業員の抵抗感を和らげ、心の準備を整えることができます。説明会の実施時期は、パーパスブック作成開始の1か月前が理想です。

◆ 「メリット」の説明方法

　従業員に対するメリットについては前項で説明しましたが、説明会では従業員のメリットだけでなく、お客様やサプライヤーなどの取引先にとってのメリットについても示します。ここでは、自社がパーパスで実現しようとしている未来や世界に対する共感を得ることが重要になります。人を惹きつける志をパーパスとして語ることが必要です。心からの共感を得るためには、経営者自身がそのパーパスに強く純粋な利他の思いを込めていることが大切です。お客様や取引先にとってのメリットは、パーパスへの共感を通じて「社会的な貢献」に参加している実感を得られることです。当社と取引することで、自分たちもまた社会に貢献していると感じることができるため、お客様や取引先はただの消費者や取引先という立場を超え、価値ある活動の一端を担っているという誇りを持つことができるのです。

◆ 「内容と作成方法」の説明方法

　パーパスブックは大きく3つのパートがあることと、その代表的な項目について説明します。会社や仕事に関するパートの作成には従業員が積極的に参画し、最初は60%程度の完成度で、従業員が3か月ごとにレビューし、加筆

修正を重ねながら完成させていくプロセスについても説明します。この説明により、パーパスブックがトップダウンで押し付けられるものではなく、従業員自身がつくるものであることを理解してもらいます。

◇「スケジュールと使い方」の説明方法

スケジュールについては、作業の項目と各々の作業に経営者、幹部、従業員がどのように参画していくかを説明します。また、いつまでに何をするのかについても示します。 使い方の説明では、パーパスブックの配布以降の加筆修正のプロセスと朝礼での対話や社員採用、人事査定としてどのようにパーパスブックを使うかについて説明します。

パーパスブック導入予定説明会の内容

項目	説明内容
目的	・パーパスを理解しやすく伝える ・仕事の判断基準の明確化 ・主体的に仕事ができる ・コミュニケーションを取りやすくし信頼関係を強化する ・従業員の成長
メリット	従業員、お客様、ベンダー・サプライヤーのメリット
作成内容	会社に関することのパート、仕事に関することのパート、職務規定のパート
作成方法	従業員の積極的参加を強調
スケジュール 日程、プロセス	作業項目：経営者、幹部、従業員の参画するパート
使い方	朝礼、研修、社員採用、人事査定等

12 パーパスの従業員への浸透とパーパスブック

浸透させるためのポイント⑤
パーパスブックの策定体制と進捗状況の発信

パーパスブックの策定態体制を整えるとともに、従業員に作成に関する進捗状況を発信していくことが重要です。

◆ パーパスブック策定体制

　4-8で述べたとおり、パーパスブックには、会社に関することのパートと仕事に関することのパートがあります（職務規定のパートは既存のものを活用します）。会社に関することのパートは経営者と幹部を中心とするパーパスブック作成チームが、仕事に関することは従業員が中心になって作成し、それぞれの進捗状況をパーパスブック作成チームから従業員に発信します。

　このように制作体制を整備しておくことで、従業員にもより浸透しやすくなります。以下では、それぞれの制作体制についてみていきます。

・会社に関することのパート

　パーパス、ビジョン、バリューは3章8項で述べたように経営者が策定します。パーパスブック作成チームはブックの最初の項目であるパーパスブックをつくる目的、パーパスブックの使い方と、経営理念のパートの創業の思いや歴史パーパスを決めた背景・思い・ストーリーを作成します。

・仕事に関することのパート

　このパートでは、作成チームからパーパスブックに盛り込む項目のサンプルを提示します。それを参考にして、従業員からの選抜チーム（複数も可）で日々の仕事の中で必要とされる項目を提案し決めていきます。また、アンケートなどを活用して決めていくこともできます。

　項目の中身については、やはりいくつかの選抜チームをつくって、ワークショップなどで決めていくとよいでしょう。

進捗状況の発信

　パーパスブック作成チームは、作成状況についてこまめに従業員に発信します。週に1回程度の頻度で状況を報告します。パーパスブック導入予定説明会で公表したスケジュールに対して、どのように作業が進んでいるのか、止まっているのか、進捗状況を伝えていきます。簡単なメールでもよいので毎週常に伝えます。

　説明会で目的や内容、メリットについて説明しても、その後の報告がなければ、やはりパーパスブックの導入に対する抵抗感が出てきます。このような小さなアクションを地道に続けていくことが従業員の理解と自分事であるという感覚を高めて、目的とするパーパスの浸透と良い企業文化の構築につながります。

策定スケジュールの設定例

	パーパスブック作成チーム		社員・アルバイト・パート	
	経営者	経営幹部	アンケート	選抜
① 目的の明文化	〇月〇日			
② メリットの明文化	〇月〇日			
③ 配布時期決定	〇月〇日			
④ パーパスブックの説明とアナウンス	〇月〇日			
⑤ 社長メッセージ策定	〇月〇日			
⑥ パーパスブックの目的と使い方のページ策定	〇月〇日			
⑦ 会社概要策定	〇月〇日			
⑧ パーパス・方針のパート策定	〇月〇日			
⑨ 規定のパート策定	〇月〇日			
⑩ 仕事の進め方パート：ベース項目決定		〇月〇日承認	〇月〇日	〇月〇日作成
⑪ ベース項目の内容作成		〇月〇日承認		〇月〇日作成
⑫ 追加項目作成方法決定		〇月〇日承認		〇月〇日案作成
⑬ 追加項目と内容作成		〇月〇日承認		〇月〇日作成
⑭ 印刷	〇月〇日			
⑮ 手帳にする	〇月〇日			

13 パーパスの従業員への浸透とパーパスブック

〈部門のパート〉
自部門の方針のページを作成し
パーパスブックに反映する

2章で示したように各部門は抽象度の高い会社のパーパスを具体的な自部門の方針に落とし込みます。それを自部門で展開していくために、パーパスブックを活用します。

◆ 部門方針をパーパスブックに入れる

部員の思いや価値観などをしっかり把握した上で部門長が自部門の方針を決めます。方針は自部門が自社のパーパスを達成するために何を目指し、どのような役割を担い、どのように運営していくかを示すガイドラインです。

具体的には下記について決めることが、方針を決めることになります。

---

① 自社のパーパスを実現するために自部門は何をするのか、自部門の本質的・基本的な役割は何か

② その役割を果たすためにどのような人材が必要か

③ その役割を果たすためにどのような行動が求められるのか

④ その役割を果たすためにどのような心構えが求められるのか

これらについて整理をして、ルーズリーフ式のパーパスブックに自部門の方針のページとして加えます。

◆ 活用の仕方

まず部門の朝礼において、自社のパーパスの項目について自分の仕事に落とし込んだ考え方とその実践の経験や事例の共有と対話を行います。同様に、別の日には自部門の方針の項目について、自分の仕事での経験や事例をもとに担当メンバーが話して、部門長と部員で対話を行います。

自部門の方針の話し合いでは、パーパスの項目よりも現場の実務的な問題や判断についての色合いの濃い対話になり、部員と部門長も方針に対する理解と思いが強く育つ機会になります。人事評価についても、パーパスやバ

132

リューの項目と並んで部門特有の方針の中で重要なものをコンピテンシーの評価基準として使います。給与や昇格に直接つながる評価であり、部員は真剣に自分事として理解し、実践するようになります。

　新入社員を含む社員の教育に関しては、パーパスブックの自部門の方針のパートを教材にしてOne on Oneでの指導とフィードバックを行うことで効果的な教育効果が期待されます。また、部門の採用面接に関しては、候補者に求められる要素としてパーパスブックの方針について説明をすることで、採用のミスマッチを防ぐことができます。

　さらに、より具体的な仕事上の判断基準が示されることで、部員の行動に迷いがなくなり。思い切って力を発揮できるようになります。このように、パーパスを自部門の方針に落とし込むことで、部門のメンバーにとってより具体的なものになり、パーパスの実装度が上がります。

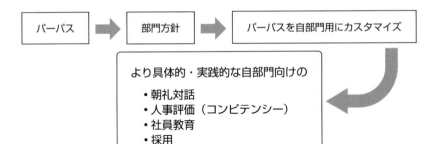

部門方針をパーパスブックに加えると

14 パーパスの従業員への浸透とパーパスブック

〈部門のパート〉
部門別方針のサンプル

部門方針策定の参考として、人事方針、経理方針、営業部方針のサンプルを示します。

◇ 人事部方針

まず、人事部においては下記のような部門方針が考えられるでしょう。

・人事の基本は、パーパス・ビジョン・バリューを深く理解し、常にパーパスを実践し使命を達成する人材を育成することにあります。

・「事業は人なり」という言葉が示すとおり、人材の育成なくして事業の発展は望めません。

・求める社員像としては、以下を挙げます。

　① パーパス・ビジョン・バリューを実践する人

　② 自主性と自立性を持ち挑戦し続ける人

　③ 専門分野を極める人

・人材育成の責任者は、事業場長や職場のリーダーであり、彼らが業務を通じて部下を育成することが求められます。人事部門はその支援を行う役割を担い、育成責任者をサポートします。

・「物を作る前に人を作る」という精神を受け継ぎ、まず自身が革新し成長することが、部下の成長を促す鍵となります。

このサンプルでは、パーパスを実践する人材育成が最も重要な課題とされています。人事方針の要点は、上司が自ら率先垂範し、成長し続けることによってはじめて、部下も成長ができるというところにあります。

◆ 経理部方針

次に、経理部の部門方針の例を下記に示します。

- 経理の使命は、パーパスを実践し、経営の実態を的確に把握・報告するだけでなく、経営の体質強化や方向付けに対して積極的に提言し、会社の発展に貢献することです。
- 経理社員は、人間的な魅力を磨き、常に自己研鑽を続けるとともに、専門知識や関連知識の習得に励み、広い視野と先見性を持って判断力を養うことが求められます。
- 経理社員は、常に経理の基本原則を遵守し、経営に積極的に参画する意欲を持ち続けなければなりません。
  ① 経理規定を守り厳正を期する
  ② 経営計画の策定と推進に関与し、体質強化に貢献する
  ③ 決算を指針とし、経営の改善に取り組む
  ④ 資金効率を高め、財務の健全化を図る
  ⑤ 業務の効率化を推進し、情報を効果的に活用する
- 経理社員の心構えとして、正確さ、迅速さ、簡明さを重視し、人格を磨き、公明正大に行動することが求められます。

ここでは、経理の役割として、経営の方向性を提案し、体質の強化に貢献することが示されています。その実現には、広い視野と先見性を持つことが重要であり、経理社員には、経理規定を守りつつ、経営の改善と効率化に取り組む姿勢が求められています。経理規定とは、会社の経理に対する基本的な考え方と経営実態を正確に表現するための統一基準といえます。

◆ 営業部方針

営業部の部門方針としては下記のようなものが考えられます。

- ・営業の基本は、パーパスに則って、顧客の信頼と満足を第一に考えることです。公正な競争を通じて社会の発展に貢献し、顧客や取引先と共に繁栄していくために、感謝の心を持ってすべての営業活動を行うことが重要です。
- ・取引先や消費者の立場を考え、適正な価格で商品を提供することが求められます。こうして売り出された商品は、必ず売れるという結果になるのは当然であり、売れないのは、市場の声を商売の面で着実に実行できなかったことに起因すると考えなければなりません。
- ・顧客の心を第一に考える当社の姿勢は、商品の開発や価格設定にとどまらず、販売における各種制度や組織、PR、サービスなど、あらゆる営業活動の根幹をなしています。この考え方は、製造、技術、経理をはじめ、経営全般の基本方針としても貫かれています。
- ・営業活動においては、目先の利益を追求した値下げや過剰な信用付与、不正な競争行為を避け、公正な競争を推進することが肝要です。商品の品質と適正なサービスを提供することで、業界全体の発展を目指し、公正な競争の中で社会の信頼を得ることが会社の成長につながります。
- ・営業部門は、市場や社会の要望に敏感に対応し、商品企画や技術部門への提案を行う責任を担います。そして、それらの商品を社会に広く提供し、顧客に便利な流通網を築き、商品の機能や価値を適切に伝える努力を続けることが求められます。
- ・また、代金回収は営業活動の重要な柱の1つです。迅速かつ正確な回収を行うことは、流通のスムーズな運営を支え、ひいては生産の円滑化や原価の抑制にもつながります。代金回収の遅延は、生産や経営全般に悪影響を与え、顧客の利益を損なうだけでなく、当社のパーパスである社会生活の改善にも悪影響を及ぼします。

前ページの文章は、営業方針を示すサンプル事例です。顧客の信頼と満足を営業活動の中心に据える方針は、商品開発、価格設定、販売手法、広告宣伝など、すべての活動の基盤を成しています。また、公正な競争を推進し、品質とサービスで市場に挑む姿勢が、営業成果を最大化する鍵とされています。

営業部門には、顧客や市場のニーズを的確に捉え、それを商品企画に反映するリーダーシップが求められます。加えて、流通網の整備、広告宣伝、代金回収に至るまで、一貫して責任を果たすことが、パーパス実現に向けた営業部門の重要な役割とされています。

人事部方針・経理部方針・営業部方針の策定のポイント

項目	要旨	具体的な内容
① 人事部方針	・パーパスを体現し、使命を達成する人材を育成すること ・人材育成には上司の率先垂範と成長が重要	・人材育成の責務は上司にあり、人事部門はそのサポートをする ・求める社員像 (1) パーパス・ビジョン・バリューを実践する社員 (2) 自主性と自立性を持ち挑戦し続ける社員 (3) 専門分野を極める社員
② 経理部方針	・経理の使命：パーパスに則り、経営の実態を的確に把握・報告する ・経営の体質強化や方向付けに対して積極的に提言し、会社の発展に貢献する	(1) 経理規定を守り厳正を期する (2) 経営計画の策定と推進に関与し、体質強化に貢献する (3) 決算を指針とし、経営の改善に取り組む (4) 資金効率を高め、財務の健全化を図る (5) 業務の効率化を推進し、情報を効果的に活用する
③ 営業部方針	・顧客の信頼と満足をすべての営業活動の中心に据えること ・この方針は、商品の開発や価格設定、販売方法、広告宣伝に至るまで、すべての営業活動を貫く考え方の基盤となっている	① 適正価格での販売 ② 過当競争の排除 ③ 市場ニーズの商品化をリードする ④ 商品の適切な流通・価格設定・広告宣伝の役割を担う ⑤ 迅速・正確な代金回収

⑤ パーパスブックの使い方

　本章では作成したパーパスブックをどのように活用すればよいかについて解説します。より効果を上げるためのポイントについても取り上げます。

01 パーパスブックの使い方

パーパスブックを使うときの
基本的な考え方

パーパスブックは常に携帯し、毎日使うものです。また、最初は60%程度の完成度の
ものを配布し、従業員の意見を反映しながら徐々に完成度を上げていきます。その過
程を通じ自分たちがつくったものだという意識が高まります。

◇ パーパスブックに完成はない

　パーパスブックは最初に配布する時点での完成度は60%程度で問題あり
ません。あえてそれ以上に完成度の高いものをつくらないようにします。配
布後は毎日の朝会での対話や部下の指導、あるいは研修のテキスト、会議
の進行などで使用していきます。

　日々の仕事の中で「こういうルールがあってほしい」「パーパスブックのこの
項目は修正したほうがよい」といったことがあるはずです。パーパスブックは
そのような従業員の思いや考えを反映させて徐々に完成させていきます。具
体的には配布後3か月ごとに見直しを行います。パーパスブックに新たに付
け加えるべき項目や内容の加筆修正すべき点について、広く従業員の声をア
ンケート等で求めます。そして、ワークショップなどで新たな項目と内容を作
成してパーパスブックに加えます。あるいは、パーパスブックから削除する項
目を検討します。このようなブラッシュアップを続けることで、従業員に自分
たちのパーパスブックであるという意識を高めてもらいます。

◇ 時代や環境に対応する更新

　時代や環境も変化するので、パーパスブックも変化に合わせて更新を繰り
返さなければ、効果が薄れてしまいます。3か月に一度従業員にアンケート
を取り、ブラッシュアップを繰り返します。この更新作業がなければ、会社は
どんどん変化しているのに、過去の思考で作られたルールを実行し続けるこ
とになり、組織としての柔軟性が損なわれます。更新作業を数回繰り返すと、
「これ以上追加する項目はあるのか?」と思うかもしれませんが、不思議なこ
とに内容は常に進化し続け、終わりがありません。このプロセスそのものが、
会社全体の成長と進化を支える仕組みとなります。

◇ 常に携帯し毎日使う

　パーパスブックは常に携帯し、毎日使うものです。例えば朝礼では、当日の担当者がパーパスブックを開いて今日話す項目を読みます。そしてその内容を自分の仕事に落とし込んで行動したときの経験などを通して学んだ内容を説明します。次に10名程度の部門(部、課、セクション)のメンバーでその内容について対話をします。とても良い気付きがあれば、メンバーはパーパスブックにメモを書き込んでもよいでしょう。

　会議では、司会役がパーパスブックの会議ルールを冒頭で読み上げ、出席者の積極的なコミュニケーションを促して生産性の高い会議運営を行うのも効果的です。また、お客様や取引先との商談で厳しい判断を迫られるときは、パーパスブックの営業方針を見直して勇気と自信を持って対応できます。

　このようにパーパスブックは一日の仕事の中で多くの場面で活用されます。常に携帯し、ことあるごとに開いて確認することで、その威力を発揮します。使い込むことでパーパスブックは従業員の成長を支え、会社の目指す方向性を現場に定着させるための強力なツールとなるでしょう。

02 パーパスブックの使い方
毎朝テーマに沿った自分の考えや体験を短く共有し対話する

毎朝パーパスやバリュー、方針について対話を重ねることで、従業員とリーダーのパーパスや方針に対する理解が深まり仕事への熱意が高まります。

◇ 朝礼の方法

　朝礼では、部門ごとに集まります。人数は5名から10名程度が適当です。部、課、係でその程度の人数が集まる単位で行います。時間は、就業時間の始まりに設定します。朝の仕事始めの時間です。

　話し手は毎日持ち回りで受け持ち、話は5分までとします。話の内容は自社のパーパスやバリュー、自部門の方針などをテーマとします。毎日のテーマは、部門長が週単位で決めます。話し手はまず今日のテーマの文章が記されているパーパスブックを読みます。このときに話してもらう内容としては、次の2つが考えられます。

　1つ目は、その項目に書いてある内容を示す事例を紹介することです。例えば今日のテーマがチームワークであれば、テレビで見たラグビーのチームワークの素晴らしい事例を紹介します。その目的はパーパスブックの価値観や意味を具体的な事例で示して、従業員の認識や理解を一致させていくことにあります。

　もう1つは、パーパスやバリュー、方針を自分の仕事に具体的にどのように落とし込むか、落とし込んでいるか、そのことでどのような効果があったか、あるいはどのような難しさに直面しているかなどを率直に話します。また、話し手がそのテーマに関連して日々の仕事や同僚との協力をどのように工夫しているかを語ることも有効です。具体的な努力や成功体験を共有することで、他の従業員にとって参考になる学びを提供します。

　さらに、その話を起点として対話を行います。別の従業員が自分の経験や他の好事例を紹介したり、そのことについて感想やアドバイスを述べたりします。この対話は5分程度行います。対話は結論まで導くものではなく、考えを深めるものです。対話の締めくくりはその部門のリーダーが話をまとめます。この対話を毎日繰り返すことで、パーパス、バリュー、部門方針を従業

員の考え方と行動に落とし込んでいきます。

◇ 経営者とリーダーの役割

　経営者とリーダーは所轄部門の朝礼の対話に参加します。担当部門が複数の朝礼の単位に分かれている場合は、すべての単位の朝礼に順番に参加します。経営者とリーダーは、話し手の話をしっかりと聞くことで現場の状況を把握することができます。パーパスや方針を現場の仕事に落とし込むときにどのような難しさがあるのか、現場のメンバーのモチベーションやエンゲージメントの状態はどうかという、とても大切な生の情報を得ることができます。

　また、経営者は朝礼の中で直接、従業員に質問を投げかける場面を設けると効果的です。「この方針をどのように実現したいか」や「このテーマが実現されることで何が変わるだろうか」といった問いを投げることで、従業員自身が自分の考えを整理し、主体性を持つきっかけを提供します。

　基本的な姿勢としては、持論を押し付けないということが大切です。目的は従業員がパーパスや方針をしっかり理解して主体的に仕事をすることにあります。まず、しっかり話を傾聴すること。その上で共感や励ましと従業員の直面する難しさを解決するためのヒントなどを話します。できるだけ仕事のハンドルは従業員が握るようにします。このような地道な活動を毎日続けることで、従業員もさることながら、経営者とリーダー自身のパーパスや方針についての理解と熱意、志が高まっていきます。

朝礼の方法

項目	内容
部門ごとに集まる	部、課、係で集まる
人数	5～10名程度
時間	就業時間の始まりから15分程度
話し手	毎日持ち回り5分程度
テーマ	パーパス、バリュー、方針の項目
話し手の役割	① 項目と合致する事例の紹介 ② 項目の自分の仕事への落としこみについて語る
対話	別の従業員が意見・感想・アドバイスなどを話す5分程度
締めくくり	経営者は短い感想、励ましを述べる。部門リーダーが話をまとめる
効果	入門レベル：項目の意味や価値観を一致させる 応用レベル：パーパス、バリュー、方針を考え方と行動に落とし込む

経営者とリーダーの役割

項目	内容
参加	所轄部門の朝礼に参加する　複数単位の場合は順番に参加する
現場の把握	現場の状況を把握、モチベーションやエンゲージメントの情報を得る
基本的姿勢	持論を押し付けず、傾聴と共感、励ましを重視
効果	経営者とリーダー自身の理解や志が高まる

03 パーパスブックの使い方

朝礼の話と対話の事例①

朝礼で話し手が事例紹介をする場合の対話例を、サンプルとして示します。

◇ 朝礼で話す事例のサンプル

　朝礼において話し手が行うことの1つが、パーパスブックの項目に合致する事例を紹介することです。事例は世間一般のどんな事例でもOKです。目的はパーパスブックに記載されている言葉の意味や価値観を組織で一致させていくということにあります。以下にサンプルを示します。

・テーマ

　「感謝の気持ちを忘れずに、社会に貢献し、最高のサービスを提供する」という企業のパーパスをテーマとします。

・話し手

　営業部の社員

・部門

　法人営業部　10名

・話の内容

　昨日テレビでアメリカのメジャーリーグの野球を見ました。その中で大谷翔平選手が大活躍していました。彼はメジャーリーグの中でも最高の選手として成功を成し遂げています。しかしその成功にあぐらをかくことなく、常にストイックな努力と謙虚さを持ち続けています。そして、自分を育ててくれた両親やコーチ、監督、チームメイト、スタッフに至るまで惜しみない感謝の気持ちを持っています。自分の成功はまわりのサポートがあったからと心から思っています。

　それはまさに私たちの会社のパーパスである「感謝の気持ちを忘れずに、社会に貢献し、最高のサービスを提供する」と同じことだと思います。私たちも大谷選手のように日々お客様や上司、同僚に対する感謝の気持ちを忘れないようにしたいものです。

◇ 他のメンバーからの感想や意見

　このような発表に対して、他のメンバーや上司は感想や意見をフィードバックします。以下にコメントの例を示します。

・他のメンバーからのコメント

・感謝の気持ちを持つことが大切だということはわかりますが、具体的にどうすれば感謝の気持ちを持ち続けられるのでしょうか？

・意識的な努力も必要です。例えば「ありがとう」という言葉をもっと使うことで、感謝の気持ちが定着しやすくなると思います。

・職場で感謝の気持ちを共有する時間を設けたり、感謝を伝えあう習慣を取り入れたりすることで、感謝が持続する環境を作れると思います。

・私は仕事のあとに、自分がどのように人や環境に支えられているかを振り返る習慣を持っています。

・上司のコメント

　素晴らしい対話ですね。感謝の気持ちを持ち続けるためには、意識的な実践と習慣化が大切です。職場で感謝の気持ちを共有する時間を設けたり、メンバー同士で感謝を伝えあう習慣を取り入たりすることで、感謝の気持ちが自然と持続し、深まっていきそうです。週に1度、就業後10分だけそういう時間を設けましょう。

・経営者からの励まし

　とても素晴らしい事例紹介ですね。大谷翔平さんの事例は、まさに私たちが共有したいパーパスを示しています。感謝の気持ちを高める取り組みをぜひがんばってください。

朝礼での事例紹介	
話し方	・パーパスブックの項目に合致する事例の紹介 ・事例は世の中のどのような事例でもOK
効果	パーパスブックに記載されている言葉の意味や価値観を組織で一致させる

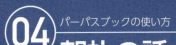

朝礼の話と対話の事例②

朝礼で話し手がパーパスやバリュー、方針を自分の仕事に反映させる方法について話す場合の対話例を、サンプルとして示します。ここでは製造部を例に取り上げます。

◇ 朝礼で話す事例のサンプル

　朝礼において話し手は、パーパスやバリュー、方針を自分の仕事にどのように具体的に反映させるかについても話します。またそれに対して、他のメンバーからの感想や意見、さらに上司からのヒントもフィードバックします。下記に、それらの対話のサンプルを示します。

- テーマ
　「クリエイティビティとテクノロジーの力で、世界を感動で満たす」というパーパス(ここではソニーのパーパスをサンプルとして使います)をどのように自分の仕事に落とし込むか

- 話し手
　工場の製造部のアッセンブリー部門の従業員

- 部門
　第1アッセンブリー課10名

- 話の内容
　「クリエイティビティとテクノロジーの力で、世界を感動で満たす」というパーパスを毎日のアッセンブリーの仕事にどのように落とし込んでよいのかわかりません。私の仕事がどのように感動に結びつくのでしょうか、実感を持って感じることができなくて悩んでいます。

◇ 他のメンバーからの感想や意見

　このような発表に対して、他のメンバーや上司は感想や意見をフィードバックするようにします。次のページにコメントの例を示します。

- **他のメンバーからのコメント**
  - 感動という抽象的な概念と日々の製造での作業を結びつけるのは難しいと私も思います。その気持ちはとても自然だし、他のメンバーも同じ気持ちをもっています。
  - 自分の仕事が直接「感動」を生み出すように感じられないのは、間接部門の経理や総務部門も一緒だと思います。ただ、私たちの仕事がなければ製品ができず感動も生まれないと思います。私たちは感動を作るのに重要な役割を果たしています。
  - 与えられた仕事をこなすだけでなく、生産性や品質やコストについてどのように工夫すればもっと成果があがるかを考えることで、世の中にさらに感動を生む製品を次々に生み出せる力になると考えます。
  - 製造部門の仕事の中にも感動はあると思います。他の部門よりもつながりやチームワークが必要です。品質や生産性を一緒になって向上させるプロジェクトや活動に成功することはとても大きな感動があります。

- **上司のコメント**

  とても良い対話です。世の中を感動で満たすためには、私たち自身が感動をもって仕事をすることが必要かもしれません。私たちが感動しないレベルの仕事ではお客様は感動してもらえないでしょう。どうやったら自分の仕事に感動ができるようになれるのか、考えていきましょう。

- **経営者からの励まし**

  とても率直な意見を聞かせてくれてありがとう。製造部や間接部門がなければ感動は創れません。みなさんのご努力があってこそです。
  （経営者の気付き：製造部や間接部門のパーパスへの貢献を認知し評価する方法を考える必要がある!）

  間接部門や製造部門のメンバーがパーパスを自分の仕事にどのように落とし込めるのか悩むケースは多いです。自分たちの仕事がその中で重要な役割を果たしていることの認識を高めることが大切です。

05 パーパスブックの使い方

朝礼の話と対話の事例③

朝礼で話し手がパーパスやバリュー、方針を自分の仕事に反映させる方法について話す場合の対話例を、サンプルとして示します。ここでは人事部門を例に取り上げます。

◇ 朝礼で話す事例のサンプル

　　5-4でも述べたとおり、間接部門はパーパスを仕事にどう落とし込むかについて悩むことが少なくありません。本節ではもう1つの例として、人事部門の社員がパーパスやバリューや方針をどのように自分の仕事に落とし込むめばよいか、また他のメンバーや上司がどのようにフィードバックすればよいかについて、サンプルを示します。

・テーマ

　　「設備機械の製造販売を通して、お客様と社会の発展に貢献する」というパーパスをどのように自分の仕事に落とし込むか

・話し手

　　人事部門の従業員

・部門

　　人事部8名

・話の内容

　　人事部門は直接お客様と接することはありません。ただ、私たちはお客様と社会に貢献するために必要な人材を採用し、育成する責任を持っています。営業部門や技術部門が優れた成果を出すために、販売や技術サポートに優れた人材を採用し、研修やスキル開発プログラムを通じて成長を促します。こうして適切な人材を提供することで、自社のパーパスである「お客様と社会の発展に貢献する」ことに寄与できると考えます。

◇ 他のメンバーからの感想や意見

　　このような発表に対して、他のメンバーや上司は感想や意見をフィードバックするようにします。次のページにコメントの例を示します。

- **他のメンバーからのコメント**

  - パーパスブックを使った新入社員研修で技術部門や営業部門に配属されるメンバーに当社のパーパスをしっかり伝えることは、彼らの成長に大きな意味がありますね。新入社員が価値観を理解し、日に日に自信をつけていく姿を見ると嬉しくなります。
  - 人事部門でパーパスブックを使った採用活動をするようになり、以前より当社の文化に合った人を採用できるようになりました。その結果、社員が高いモチベーションを持ち業務に取り組めるようになったと感じます。

- **上司のコメント**

  事業の根幹は人です。パーパスに向けて優秀な人材を採用・育成し、社員が高いモチベーションで業務に取り組める環境を整えることは、人事部門の大きな仕事です。そのよりどころとなるのはパーパスです。より高いレベルでお客様に貢献するため、何をどう変えるべきか考えましょう。

- **経営者からの励まし**

  人事部門のみなさんのがんばりでパーパスに沿った人材採用と育成システムが構築され、社員の目の輝きが違ってきましたね。感謝しています。

  以上は人事部門のケースです。経理部門では、適切な予算管理や資金調達を通じて営業部や製造部門が必要なリソースをタイムリーに活用できるようにし、良い商品とサービスを生み出せるという対話が可能です。パーパスの本質を把握し、業務にどのように落とし込むかを考え実践しましょう。

人事部門と経理部門の仕事への落とし込みの例	
パーパス	設備機械の製造販売を通してお客様と社会の発展に貢献する
人事部門の仕事への落とし込みの例	・パーパスブックを使った人材採用のプロセスで人材のモチベーションが高くなった ・パーパスブックを使った新入社員研修で新人たちが早く成長するようになった
経理部門の仕事への落とし込みの例	・予算管理・資金調達をしっかり行うことで、タイムリーに資金を営業部や製造部門に供給できる→より良い商品とサービスでお客様に貢献 ・積極的なコスト削減の推進で、適正価格で高品質な商品を提供できる

06 パーパスブックの使い方

パーパスブックを活用した全社的な方針共有①経営方針発表会

パーパスブックは全社的な方針共有や研修においても活用できます。研修の柱となるのが、経営者の経営基本方針である経営理念と事業計画、経営方針です。

◈ 研修の基本的な考え方

　一般に研修の目的は、職能に関するスキルを学ぶことと、役職に求められる心構えやスキルを学ぶことが中心です。営業のスキルや技術者としての知識、あるいは部門長としてのリーダーシップといった内容です。

　様々な目的がありますが、パーパスブックを活用した研修においては、自社の経営理念と事業計画、経営方針を一人ひとりの従業員に深く理解させて主体的に仕事に反映させるということが目的です。多くの会社はこの部分の教育が弱いです。スキルの研修の前に、自社のコアになるこれらをしっかりと説明し、理解を得ることが何よりも大切です。

　この部分をどれだけ徹底することができるかで、パーパスの浸透度や企業文化の強弱が決定します。また、徹底するための仕組みを作ることも必要です。朝礼における対話もその仕組みの１つです。ただ、それだけでは十分ではなく、研修体系が必要です。

◈ 研修の柱

　一番の柱になるものは、年初に行う経営方針発表会です。ここで自分たちのパーパスに向けて今年は何をするのか、経営者が説明します。そして、パーパス、ビジョン、バリューと主要な方針について説明します。

　パーパスは抽象度の高い言葉ですが、それを具体性のある数字にします。売上と利益をどこまで拡大させるのかといったことをパーパスに盛り込みます。「常識で考えたらまともとは思えない」くらいの目標をパーパスとします。そして３年後、５年後に売上と利益をどこまでにするのかをビジョン（中期計画）で示します。経営者とはそれを明言して実現する人です。

　次に事業計画を示します。経営者は高い目標の実現に向けて考え抜いてビジョン（中期計画）と事業計画を策定します。そこに経営者の覚悟、努力、戦略、

志、熱意や感動などの要素が入ることで、従業員に驚きや感動が生まれるものになります。加えて、今期の経営目標である売上、営業利益率、生産性改善目標、コスト削減目標、不良率改善目標、在庫日数などの数値を示します。

その上で、事業計画を実行していく上で重要な方針について説明します。教育、営業、商品、新規事業開発などの方針も説明しましょう。

経営方針発表会には全社員の参加が望ましいですが、従業員数が多い場合はある役職以上の出席とし、残りのメンバーはオンラインで参加できるようにします。そして、これらの内容は要点をまとめてすべてパーパスブックに記載します。

経営方針発表会の内容（時期：新年度の期首　発表者：経営者）

項目	内容
経営理念	・パーパス・ビジョン・バリューの説明 ・パーパスの数字（売上・利益・シェア等） ・常識を超えたレベルの数字
事業計画	・中期計画の数字・戦略 ・今年度事業計画の数字・戦略
今期経営目標	・売上、営業利益率 ・生産性改善○％ ・コスト削減○％ ・不良率改善○％ ・在庫日数○日　売掛金○日
経営方針	・教育方針 ・営業方針 ・商品に関する方針 ・新規事業開発方針

07 パーパスブックの使い方

パーパスブックを活用した全社的な方針共有②研修体系

パーパスブックを使った研修体系の柱は、経営方針発表会の展開と、3か月ごとのパーパスブックの更新活動です。これらの活動で従業員の意識と能力は1つの方向に向けて高まります。

◇ 経営方針発表会を展開する

　パーパスブックは、新年度の期首に行う経営方針発表会を受けて、内容を変更します。前年度の事業計画、経営目標、経営方針を今年度のものに差し替えます。ルーズリーフ式なので該当のページだけ差し替えることができます。

　経営方針発表会に参加した従業員も参加できなかったメンバーも含めて再度経営方針発表会を学びます。経営方針発表会をビデオに編集して、パーパスブックとともに各部門のメンバー全員で学習した上で、ワークショップなどで自部門の方針を考えます。そして各部門は今年度の部門方針を策定して、パーパスブックを差し替えます。

　部門方針で自部門が達成すべき具体的な数値、そのための仕組みや考え方を決めます。このプロセスがパーパス達成に向けての具体的な活動の1つの柱になります。ワークショップなどを通して従業員の成長が期待できます。

◇ パーパスブック説明会と更新活動

　パーパスブックは経営方針発表会を反映した毎年の更新とは別に、3か月ごとに更新します。前述したように最初は60%程度の完成度のものを従業員が中心になって更新し完成度を徐々に上げていきます。更新されるパートは仕事に関することの項目が中心です。

　パーパスブック配布説明会のあと、パーパスブックを使って朝礼での対話を毎日行います。パーパスやバリュー、部門方針の行動への落とし込みを毎日考えて実践することになります。同時に日々の仕事の中でさらなる生産性の向上や品質の向上、コミュニケーションの円滑化のために、「こういうルールがあれば良い」「このルールは実情にそぐわない」といったことを次回更新時に提案していきます。

これらの提案はワークショップなどで取り上げる仕組みを作り、アンケートなどで広く意見を徴収します。その上で必要と判断されたものはパーパスブックの更新に反映します。パーパスブックを使ったこのような活動は、卓越したレベルのパーパス実現に向けて、一人ひとりの従業員の意識と能力を高める仕組みとなります。

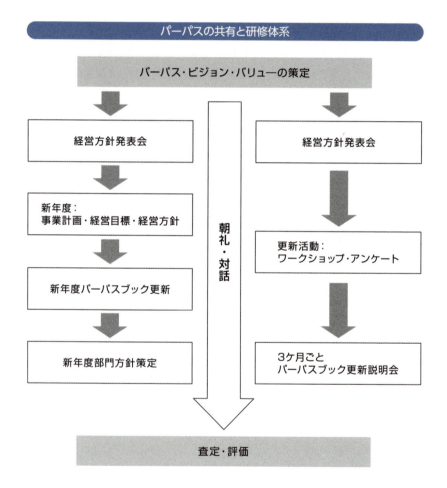

08 パーパスブックの使い方
社員の募集、採用に使う

パーパスの実現に向けた効果的な人材採用においても、パーパスブックが活用できます。

◆ パーパスブックを活用した採用活動

　会社経営において、最も大きな課題の１つは「人材」です。優れた人材が生み出す企業文化は他社との大きな差別化の要素となり、企業の成長を左右します。パーパスに共感し、その実現に向けて行動できる人材を採用することが非常に重要です。パーパスブックを活用することで、この人材選びが効果的に行われるようになります。

　パーパスブックは、パンフレットではなく、社員が実際に使っているリアルな資料です。採用活動に活用することで、企業の理念や方針をより具体的に伝え、応募者に企業の本質を理解してもらうことができます。会社説明会でパーパスブックを用い、経営理念や中期計画、ルールなどを説明することで、応募者が自社の価値観に共感できるかどうか判断する材料を提供します。

　特にＺ世代は企業の社会的貢献や存在意義を重視する傾向が強く、パーパスブックを通じてその意義を示すことで、共感を得ることが可能です。また、パーパスブックを使うことで、企業と応募者のミスマッチを防ぐ効果も期待できます。応募者は企業の方針や価値観を正確に把握でき、自分がその企業でどのような役割を果たせるかを明確に想像することができます。これにより、企業にとって本当に必要な人材を効果的に見つけることができます。

　さらに、パーパスブックを採用面接の場で活用し、応募者に実際にその内容について意見を述べてもらうことで、応募者の理解度や価値観の一致度を直接確認することもできます。これにより、より深いレベルでの相互理解を図り、入社後の早期離職を防ぐ取り組みにつなげることが可能です。

◆ 新入社員教育におけるパーパスブックの活用

　新入社員が入社する際、パーパスブックは企業のルールや規定を伝えるための有力なツールとなります。入社直後は、会社に対する関心が高いため、このタイミングでパーパスブックを使い、経営理念やルールを徹底的に教育することが重要です。人事部門だけでなく、現場の上司も一貫して説明を行

うことで、企業の方向性や価値観を深く理解させます。

新入社員研修では、パーパスブックを用いた経営理念や方針の説明に加え、ワークショップ形式で価値観や行動について話し合う場を設けることが有効です。これにより、新入社員が企業の価値観を共有し、良い企業文化を作り出す一員として成長することが期待されます。研修を通じて、パーパスが単なるスローガンではなく、日々の業務に密接に関わるものであると実感させることが大切です。

このようにパーパスブックを使うことで、採用活動では価値観を共有できる人材を集めることができ、入社後もパーパスブックを活用して、共通の目標に向かって進む環境を作り出すことができます。このようにして強化された企業文化は、他社に真似できない強みとなります。

募集・採用におけるパーパスブックの効果

パーパスブックの強み	効果
① 従業員が実勢に使っている資料である	会社説明会用のパンフレットとは一線を画すリアルな資料であり説得力が大きい
② パーパスを決めた背景・ストーリーが記載されている	パーパスだけの文言よりも共感を得やすい
③ 評価される社員について記載されている	応募者自身が会社に適合できるか判断しやすい
④ 方針・ルールが記載されている	具体的な仕事の考え方ややり方を理解しやすい

09 パーパスブックの使い方

パーパスブック委員会をつくり活用を促進する

パーパスブックの作成はパーパスブック作成チームが担当し、配布されたあとは、パーパスブック委員会が3か月ごとに従業員の声を反映したメンテナンスを推進していきます。

◇ パーパスブック委員会

　これまでの章において、パーパスブックの作成は、経営者と幹部からなるパーパスブック作成チームが担当するということを説明してきました。パーパスブックが完成し配布されたあとは、パーパスブック作成チームは解散し、**パーパスブック委員会**が設置されます。パーパスブック委員会の主な役割は、パーパスブックの配布説明会の準備と実施、3か月ごとのパーパスブックのメンテナンスの推進です。

　作成後の初期段階はパーパスの浸透が目的となるので、メンバーは影響力のある幹部と事務能力の高い人事部門や経営企画部門の従業員で構成するとよいでしょう。人数は5～6名程度が望ましいです。

　メンテナンスでは、まずパーパスブックの「仕事に関すること」についての意見を広く求めます。方法は全社員に追加すべき項目や修正すべき項目、あるいは削除すべき項目についての意見をアンケートで求めます。そして、同じような内容の回答をグルーピングして整理します。

　委員会はその中から今回メンテナンスすべき内容を選びます。必要に応じて5名程度のワークショップを立ち上げて内容を検討し決定します。その際には、その意見をアンケートで表明したメンバーも含めるとよいでしょう。

　最終的には経営者が意見の採用と不採用を決定します。そしてその理由も示します。経営者は従業員の思いを知るためにできるだけ委員会に出席することが必要です。アンケートには従業員の現場での生の声が記されています。色々な声があるでしょう。必ずしもすべてが耳あたりの良いものだけではないかもしれません。経営者は自分の理想とする企業文化を創造するのだという強い意志を持って、採用・不採用の決断を進めていってください。そして、アンケートに答えた従業員にどのように考えてその意見を採用、不採用にしたかをフィードバックします。

このようにして３か月ごとにパーパスブックをアップデートしていくことで、従業員にとって自分たちがつくる自分たちのパーパスブックであるという意識を高めます。このプロセスによりパーパスの浸透を図ります。

	アンケートの質問例
1	パーパスブックがあって良かったと思う場面はどんな場面ですか？
2	こんなことも載せてほしいという項目はありますか？
3	これはもういらないのではないかという項目はありますか？
4	今後パーパスを浸透させていくためにどんなことをしたらいいと思いますか？

	アンケート回答者に対するフィードバック例
採用の場合	このたびはアンケートにご協力いただき、ありがとうございます。 特にあなたの出してくれた○○はいいですね。○○のようなことも書いてくれるとさらによいでしょう。あなたの○○を反映してパーパスブックにこういう記載をさせていただきました。 《以下、記載内容を示す》 今後共ご協力をよろしくお願いいたします。
不採用の場合	このたびはアンケートにご協力いただき、ありがとうございます。いただいたご意見は非常に参考になりました。 今回のパーパスブックに反映する内容は、全体のバランスや他の意見との調整もあり、残念ながら今回は採用には至りませんでしたが、貴重なご意見として大切にさせていただきます。 今後ともご協力をお願いできれば幸いです。

10 パーパスブックの使い方

〈部門のパート〉企業のパーパスと個人の希望するキャリアのすり合わせ

まず従業員が自身のキャリア目標とパーパスを考え、それらを会社のパーパスと重ねた目標や計画に落とし込みます。そして、会社がその実践を全力で支援することで、従業員は会社のパーパスに対し、自分事として取り組むようになります。

◇ 個人のキャリア

　個人のキャリアを考えるときにヒントになるのは、ジェームズ・C・コリンズ氏の著作『ビジョナリーカンパニー〈2〉飛躍の法則』で紹介されている、ハリネズミの概念です。「情熱を持って取り組めること」「世界一になれること」「経済的原動力になるもの」の3つの円が重なる部分を戦略の中枢にせよという考え方です。これを個人のキャリアにあてはめると、「好きなこと」「得意なこと」「世の中に貢献できること」になります。

　つまり、自分の強みを伸ばして、強みで貢献することが大切です。営業、経理、人事、技術など自分の強みを活かせる職能や職種を考え、その先にどのようなパーパスを描くか考えます。自分の強みである能力とキャリアを通して、自分の人生をどのような理想に捧げるのかを考えてもらいます。それがその人のパーパスになります。人生のパーパスを見極めるのは簡単ではないですが、考えてみるだけでも意味があります。

　そして、自己実現のために3年先にはどんな仕事をやっていたいか、そのために今年はなにを達成するのか、自社のパーパスや部門の方針、計画と重ね合わせた観点から、仕事を通じた成長目標を設定します。

◇ キャリア形成とパーパス実現の連動

　企業は個人がパーパスやキャリアを考えること、自己実現を考えることを単に奨励するだけでなくて、従業員の成長を本気で援助することが必要です。部門の上司は個人が作成した会社のパーパスや部門の方針と、個人の自己実現を重ね合わせた成長目標について話し合います。

　具体的には社員は3年後の目標を決め、その達成計画を期首に上司と共有

します。上司は従業員の自己実現を援助するために必要なアドバイスだけでなく、企業として社内外の研修参加や資格取得、配置転換などを通じて成長をサポートし、進捗を期中、期末のOne on Oneミーティングで確認します。

　これは2章で記載した人事評価制度のコンピテンシーの評価部分になります。個人の主体性を持ったキャリア形成と、会社のパーパスの実現が連動していく仕組みです。つまり、従業員にとってパーパスがあてがわれたものではなく、自分の自己実現のためのものであるという考え方になっていきます。

パーパスと個人のキャリアのすり合わせの流れ

項目	内容
① 個人のキャリアの設定	「好きなこと」「得意なこと」「世の中に貢献できること」の重なる点を考え、自分の強みを活かせる職能や職種を選び、その先のパーパスを描く。
② キャリアと会社のパーパスの重ね合わせ	従業員のキャリア目標とパーパスを考え、それを会社のパーパスと重ねた目標や計画に落とし込む。
③ キャリア形成と会社のパーパス実現の連動	従業員は自己実現のための3年後の目標を決め、その計画を上司と共有する。上司は研修や配置転換などで支援し、1on1ミーティングで進捗確認を行う。

⑥ 「パーパスブック」
作成ガイド

本章ではパーパスブックの体裁や基本的な構成、記載内容など、より具体的な作成方法について解説します。

01 「パーパスブック」作成ガイド

パーパスブックの構成・基本設定（用紙サイズ・フォント等）・作成スケジュール

パーパスブック全体の構成と基本設定（用紙サイズ・フォント等）と作成スケジュールについて説明します。

◆ パーパスブックの構成とねらい

パーパスブックの具体的な目次構成については次節で紹介しますが、まずは全体の構成とそれぞれのねらいについて振り返っておきましょう。

冒頭には、パーパスブックをつくる目的と使い方を示します。従業員にパーパスブックの目的を示すためのものになります。このパーパスブックが何のためにあるかを明確に理解できる内容とします。併せて、パーパスブックの使い方の注意点についてもまとめておきます。

次に、より具体的な説明に関するパートに入っていきます。大きく、会社に関すること、仕事に関すること、既定のパートの3つに分けられます。

会社に関することは経営理念や経営方針と、事業計画など会社全体として重要な内容を示しています。このパートは経営者が従業員の考えも聞きながら策定します。

仕事に関することは日々の仕事のやり方に関するルールを示しています。このパートは従業員が中心になって策定します。

規定のパートは就業規則から重要と思われるものを選んで、わかりやすく説明します。

◆ パーパスブックの基本設定

パーパスブックの構成を確認するとともに、パーパスブック自体の仕様に関する基本設定を決めておくことも必要です。

例えば、用紙のサイズ、余白の取り方、文字のフォント、表題・中項目・小項目を入れる場合のルール、1項目に割くページ数等を決めます。具体的には、図表のような内容を決めるとよいでしょう。

◆ パーパスブックの作成の流れ

　4章の12項で記したように、パーパスブックの作成にあたっては、まず作成チームをつくります。次に説明会を開催し従業員に配布時期や目的を伝えます。その後従業員の声を反映してパーパスブックの項目と内容を策定し、印刷、製本します。作成には3ケ月から半年ほどかかります。

　最初は完成度60％を目指し、3カ月ごとのメンテナンスを通じて従業員の声を反映しながら、徐々に仕上げていきます。これにより、従業員は自分たちの意見が反映された「自分たちのパーパスブック」であるという意識を高めることができます。

　また、製本は6穴バイブルサイズのリフィルタイプを採用し、ページの差し替えを容易にすることで、メンテナンスを効率的に行えるようにします。

パーパスブックの基本設定の例

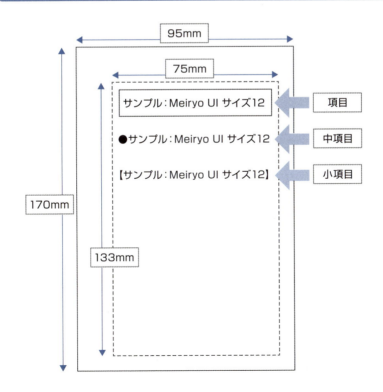

「パーパスブック」作成ガイド

02 パーパスブックの内容

本節ではパーパスブックをどのような内容にすればよいか、サンプルを用いて解説します。

◆ パーパスブック全体の構成

　6-1で決めた基本設定をもとに、パーパスブックの内容も決めていきましょう。基本的な目次構成は次のとおりになります。

---

① 目次

② 社長メッセージ

③ パーパスブックを作る目的

④ パーパスブックの使い方

⑤ 会社概要

⑥ 会社沿革

⑦ 組織図

⑧ プロジェクトチーム

⑨ パーパス・方針：パーパスを決めた背景・思い・ストーリー

⑩ パーパス・方針：パーパス

⑪ パーパス・方針：ビジョン

⑫ パーパス・方針：バリュー(行動指針)

⑬ パーパス・方針：5年中期計画(3年も可)

⑭ パーパス・方針：今年度の事業計画

⑮ パーパス・方針：教育方針

⑯ パーパス・方針：評価する社員とは

⑰ パーパス・方針：評価制度の概要と特徴

⑱ パーパス・方針：部門方針(例：経理部方針)

⑲ パーパス・方針：部門方針(例：営業部方針)

⑳ 仕事の進め方：朝礼手順

㉑ 仕事の進め方：会議のルール

㉒ 仕事の進め方：情報共有の重要性

㉓ 仕事の進め方：報・連・相

㉔ 仕事の進め方：電話応対

㉕ 仕事の進め方：チームワークの心得・ルール

㉖ 仕事の進め方：クレーム対応

㉗ 規定のパート：セクシャルハラスメント

㉘ 規定のパート：パワーハラスメント

㉙ 規定のパート：機密情報に関するルール

㉚ 規定のパート：競業避止義務

㉛ 避けるべき行為

㉜ 規定のパート：入社時の手続き

㉝ 既定のパート：退職時の手続き

　このような目次に合わせて作成していきます。以降では、実際にどのような順番でどのような内容を記載すればよいか、サンプルを用いて説明します。
　本書ではサンプルとして示していませんが、以下のような項目を追加することも考えられます。自社にとって重要な要素をさらに検討し、必要に応じて項目として追加してください。

会社に関すること
　・経営判断基準(粗利率、在庫日数、不良率 他)
　・売上・営業利益推移
仕事の進め方
　・来客対応
　・接待交際費の使い方
　・テレワーク(在宅勤務)
規定のパート
　・欠勤・遅刻・早退
　・残業・休出の申請
　・休日・休暇

①目次　②社長メッセージ

目次

社長メッセージ
1. パーパスブックの目的
2. パーパスブックの使い方
3. 会社概要
　① 会社概要
　② 会社沿革
　③ 組織図
　④ 中期計画・事業計画
4. パーパス・方針
　① パーパス
　② ビジョン
　③ バリュー

社長メッセージ

● 私たちのパーパスである「絶え間ない技術革新による、豊かな社会の実現」は私たちの原点であり、スピリットであります。私たちはこのパーパスを共有し協力しあう卓越した企業文化を持つ企業になることを目指します。
このパーパスブックを積極的に活用して、企業文化の創造を促進し、社会に対する貢献と私たち自身の幸福をみなさんと一緒に生み出していきましょう。

目次

最初に目次を示します。目次のページは2〜3ページになります。

社長メッセージ

経営者としての純粋な思いを従業員に率直に語りかけましょう。強い思いがこもった言葉は共感を呼びます。

「パーパスブック」作成ガイド

⓶ パーパスブックの内容

③パーパスブックを作る目的　④パーパスブックの使い方

パーパスブックを作る目的
●企業文化を明文化することで私たちの心のあり方を示し、仕事の判断基準を明確にすることでワンチームとしてのスピットを生み出し、私たちの主体的で自由な創造性を解放します。 そして、人を大切にし、感動と共に、人の安心のカタチをつくる私たちのパーパスの実現を目的とします。

パーパスブックの使い方
●3ケ月ごとに更新します。 ●朝礼での所感発表に使います。 ●会議の進め方の確認に使います。 ●人事評価・査定に使います。 ●採用面接に使います。 ●勤務中は常時携帯し、ルールや職務規定の確認時に使います。

パーパスブックを作る目的

社員にまずこのパーパスブックの目的を示すことが重要です。最初に、このパーパスブックが何のためにあるのかを明確に示します。

パーパスブックの使い方

パーパスブックをどのように使うかを示します。パーパスやビジョン、バリューについて身近に常に見直すことができて、ルールなどを確認することにも使うために常に携帯しておくことを明記します。

⑤会社概要　⑥会社沿革

会社概要

【会社名】○○株式会社

【代表者】代表取締役社長
　　　　　山田太郎

【設立】　2000年1月1日

【資本金】○億円

【本社】
〒100-0001
東京都千代田区大手町1-1-1
TEL：03-○○○○-○○○○

会社沿革

2000年	△株式会社設立
2005年	大阪支店をオープン
2010年	神奈川工場開設
2018年	名古屋支店をオープン
2020年	○△株式会社と合併
2021年	○○株式会社に商号変更
2024年	神奈川第2工場開設

会社概要

従業員が会社の基本情報をすぐに確認できるようにします。

会社沿革

会社の歴史や成長の過程を知ることは自社への帰属意識を高めます。また社外の人に説明するときに役立ちます。

⑦組織図　⑧プロジェクトチーム

組織図	プロジェクトチーム
	プロジェクトチーム ●新製品開発プロジェクトリーダー：技術開発部長 ●DX推進プロジェクトリーダー：情報システム部長 ●グローバル展開プロジェクト：国際事業部長 ●コスト削減プロジェクト：経理部長 ●ESG推進プロジェクト：経営企画部長

組織

期中でも組織は変更があるので、メンテナンスに気をつけましょう。

プロジェクトチーム

組織図では表現できない主なプロジェクトチームを示します。

⑨パーパス・方針：パーパスを決めた背景・思い・ストーリー
⑩パーパス・方針：パーパス

パーパスを決めた思い

幼少期に経済的に困難な環境で育った創業者のシュルツは、働く人々を大切にし、心のつながりを作ることをビジネスの核に据えました。この経験が、スターバックスの「人々の心を豊かにし、育む」というパーパスの基盤となっています。

パーパス

● この一杯から広がる、
　心かよわせる瞬間、
　それぞれのコミュニティと
　ともに―

人と人のつながりが生み出す無限の可能性を信じ、育みます。

パーパスを決めた背景・思い・ストーリー

抽象的なパーパスは背景や思いを示すことで理解が深まります。

※以降、パーパス・ビジョン・バリューは、スターバックスコーヒージャパン株式会社を例に記載します。

パーパス

パーパスを明記します。

「パーパスブック」作成ガイド **6**
⑫ パーパスブックの内容

⑪パーパス・方針：ビジョン　⑫パーパス・方針：バリュー（行動指針）

10年ビジョン

- パートナー・お客様にとって、誰もが自分らしくいられるコミュニティとなること。
- 地域課題・環境問題に取り組むリーダーを目指すこと。
- Our Mission, Promises and Valuesを体現しながら、ポジティブな発信を続け、世の中をワクワクさせるイノベーションを起こしていくこと。

バリュー

- 私たちは、人間らしさを大切にしながら成長し続けます
- CRAFT
  思いをかたちにする
- RESULTS
  成果に責任をもつ
- COURAGE
  勇気をもって向き合う
- BELONGING
  互いを理解し認め合う
- JOY
  楽しむことを力に

ビジョン

自分たちが達成したい理想の未来のイメージあるいは〇年後に達成したい具体的な目標を指します。上記の例にはないですが、売上やマーケットシェアなどを入れてもよいです。

バリュー

バリューとは自分たちがパーパスに向かうに際して大切にする価値観、行動規範のことです。

⑬パーパス・方針：５年中期計画（３年も可）
⑭パーパス・方針：今年度の事業計画

５年中期計画

５年中期計画
- ●パーパスである絶え間ない技術革新によって、事業をグローバルに展開します。
- ●売上高○○億円
- ●営業利益○○億円
- ●海外事情比率25%
- ●新製品比率25%
- ●CO2削減目標50%

今年度の事業計画

- ●海外事業と新規事業開発推進の土台作りの年とします。
- ●売上○○億円
- ●営業利益○○億円
- ●海外事業本部設立
- ●ベトナム駐在員事務所開設
- ●新規事業開発室増員
- ●海外売上比率○%
- ●新製品売上比率○%
- ●生産性○%改善
- ●在庫日数○日
- ●工程内不良率○%
- ●市場クレームなし

５年中期計画

パーパスとビジョンの実現のための5年中期計画(3年中期計画)を具体的な数字で示します。

今年度の事業計画

今年の事業計画は、5年(3年)中期計画の実現に向けた今年の計画を示します。売上や利益だけでなく、事業運営における重要施策についても数値目標を設定し、計画を明確化します。

「パーパスブック」作成ガイド **6**
02 パーパスブックの内容

⑮パーパス・方針：教育方針　⑯パーパス・方針：評価する社員とは

教育方針
●パーパスの実現に向けて人を大切にし、成長を促すことが当社の教育方針です。 ●教育の3つの柱 【パーパスとバリュー】 パーパスとバリューを自分の仕事に落とし込んで考えられるように支援します。 【リーダーシップ】 リーダーや管理職を担う人材を育成します。 【専門的スキル】 職能に合わせた研修で専門的な能力を向上させて成果を出せるようにします。

評価される社員
●私たちは、以下のような社員を高く評価します。 ➢ パーパス実現に対してコミットしている人。 ➢ コミュニケーション能力と協調性が高い人。 ➢ 前向きで、高い学習意欲がある人。 ➢ 高いレベルの問題解決力と分析力がある人。 ➢ チームワークを大切にできる人。

教育方針

自社の人材育成のための教育方針を示します。できれば階層別、目的別、部門別、全社員といった研修の体系も示すとよいです。

評価される社員

自社が評価する社員の姿を示します。一人ひとりの社員が自分自身がどのように行動すべきなのかがわかるようにします。また、採用の際に、候補者と採用担当がお互いに候補者本人の適合性を見極めやすくなります。

⑰パーパス・方針：評価制度の概要と特徴

評価制度の概要（ポリシー）

● 当社の評価制度の目的
1. パーパスの理解と共有
   従業員がパーパスを深く理解し、共有化することで方向性を整え総合力を高めます。
2. 人材育成
   自社が望む人材像とのギャップを明らかにして、従業員一人ひとりの自律的な成長を促します。
3. 動機付け
   従業員の能力の発揮や貢献度の大きさを公正に評価し、処遇に反映し、モチベーションを上げます。

評価制度の特徴

● 2つの評価軸
➤ 目標管理制度（MBO）
   本人がパフォーマンス目標を設定します。その目標の達成度を評価します。
➤ バリューによる評価
   その仕事に対して求められる能力・特性の基準を策定しその基準を評価の軸とします。
● 面談制度
   期首に上司とすり合わせて決めた目標に対して、期中に進捗確認とアドバイス、期末に振り返りと評価のフィードバックを受けます。

評価制度の概要

評価制度は人材開発の仕組みです。上司との対話やアドバイスを通じ、目標達成に向けた実践的な学びが得られます。具体的な報酬にもつながり、どんな研修よりも従業員の成長可能性が高い制度です。

評価制度の特徴

目標管理制度の目標は自社のパーパスに紐づいた目標をブレイクダウンして決めます。パフォーマンスでの評価だけでなく、バリューによるコンピテンシーの評価をすることで、従業員の主体性と良い企業文化の醸成の可能性が高まります。

「パーパスブック」作成ガイド **6**
⑫パーパスブックの内容

⑱パーパス・方針：部門方針（例：経理部方針）

経理部方針（基本方針）

● 経理の使命：
パーパスに則り、経営の実態を的確に把握・報告すること。
● 経営の体質強化や方向付けに対して積極的に提言し、会社の発展に貢献すること。

経理部方針（行動指針）

1. 経理規定を守り厳正を徹底します。
2. 経営計画の策定と推進に関与し、体質強化に貢献します。
3. 決算を指針とし、経営の改善に取り組みます。
4. 資金効率を高め、財務の健全化を図ります。
5. 業務の効率化を推進し、情報を効果的に活用します。

経理部方針（基本方針）

この事例では、経理は経営の羅針盤として、経営活動の実態を正確に把握し、経営者に報告する役割を担います。また、経営の現状や課題を明確にし、将来の適切な方向性を示すことが基本方針とされています。

経理部方針（行動指針）

この行動指針では、経理規定を厳正に守り、経営計画と決算を軸にした経営力強化の活動に積極的に参画することが示されています。

⑲パーパス・方針：部門方針（例：営業部方針）

営業部方針（基本方針）

- 顧客の信頼と満足をすべての営業活動の中心に据えます。
- この方針は商品の開発や価格設定、販売方法、広告宣伝にいたるまで、すべての営業活動を貫く考え方の基盤です。
- 私たちは、商品の機能、品質とサービスによる公正な競争を通して、販売活動を行います。
- 私たちは、社会や市場の声に耳を傾けて、商品を考え、具体的に技術や商品企画部門に提言を行い、その実現に努力します。

営業部方針（行動指針）

1. 適正価格での販売を行います。
2. 過当競争を排除します。
3. 市場ニーズの商品化をリードします。
4. 商品の適切な流通・価格設定・広告宣伝の役割を担います。
5. 迅速・正確な代金回収を行います。

営業部方針（基本方針）

この例では、営業部門の基本方針として、お客様の信頼と満足を最優先に掲げています。また、公正な競争を通じて社会発展に貢献し、市場のニーズを捉えて関連部門と連携し商品化することが営業の役割として示されています。

営業部方針（行動指針）

ここでは、営業担当者の行動指針として、基本方針を行動で実践することを求めています。

⑳仕事の進め方：朝礼手順

朝礼（毎日）

- 始業15分前に所定の場所にグループ単位で集合します。
- 最初に連絡事項を伝えます。
- パーパスブックの中の経営理念や経営方針等から今日のテーマを決めておきます。
- 今日のテーマに関して、今日の当番者が3分間スピーチをします。内容はテーマに関連する事例紹介や自分の仕事に落とし込んだ経験談等を話します。
- スピーチをもとにグループ対話を5分ほど行います。
- リーダーがコメントをします。

朝礼（月初）

- 本社や工場、事業所など大きな単位での朝礼を行います。
- 社長や事業部長、工場長などのリーダーからのメッセージを伝えます。
- 各部門長から先月のトピック、当月の目標や報告を1分程度で行います。
- リーダーがパーパスを唱えたあと、全員で続けて唱和し、朝礼を締めくくります。

朝礼（毎日）

10名程度のグループを部・課・係単位で編成。担当者がパーパスブックの理念や方針から決められたテーマについて体験談を共有し対話します。これを毎日続けることで理念の浸透を図ります。リーダーは励ましのコメントを添えます。

朝礼（月初）

本社や事業所や工場などの大きな単位での朝礼を月初に行います。事業の状況について共有し、ワンチームになって目標達成を目指すマインドを高めることが目的です。

㉑仕事の進め方：会議のルール（重要ポイント・手順）

会議のルール（重点ポイント）

- 会議の目的は意思決定、方針決定、情報共有、アイデア出し、などがあります。
- 会議目的を明確にして、短く簡潔に行うよう参加者は協力します。
- 会議時間：1時間30分以内。
- 必ず議事録を作成し、出席者で共有するようにします。

会議のルール（手順）

- 事前準備
- ➤ 事前に予定会議時間を設定します。
- ➤ 議事と資料を前日午前中までに出席者に送ります。
- ➤ 出席者は事前に議事と資料を読むこと。
- ➤ 5分前に集合。
- 会議時
- ➤ 進行役は会議終了時刻を出席者に告げてから開始します。
- ➤ 報告事項と協議事項を分けてて会議を進めます。
- ➤ 参加者は建設的な意見を述べること。

会議のルール（重点ポイント）

会議の目的は何であるかを規定することは重要です。また、時間管理の意識を持つことも大切です。

会議のルール（手順）

会議の生産性を高めるために、事前に議事と資料を読んで、自分の意見を整理してくることが必要であることを示します。

「パーパスブック」作成ガイド **6**
02 パーパスブックの内容

㉒仕事の進め方：情報共有の重要性　㉓仕事の進め方：報・連・相

情報共有の重要性

● 情報共有の重要性
情報共有は業務の進捗を把握し、チーム全体が共通の認識を持ち、組織としての意思決定を迅速かつ効果的に行うための基盤です。情報が速やかに共有されることで組織の信頼関係も強まります。また、トラブルの早期発見と解決にも役立ち、業務の効率化とチームの生産性向上につながります。

報告・連絡・相談

● 報告
進捗や結果、問題が発生した場合に、その内容を上司や関係者に伝えます。「迅速かつ正確に」を心がけます。
● 連絡
必要な情報を関係者に伝えること。「明確かつわかりやすく」を意識すること。
● 相談
判断に迷う時や、問題解決のために他者の助言が必要な時に行います。「タイミングを逃さず」行うこと。

情報共有の重要性

情報共有の重要性について説明します。重要なコミュニケーションの基本であり、円滑な業務を進めるための必須事項です。

報・連・相

報告・連絡・相談のそれぞれの要素について解説します。

179

㉔仕事の進め方：電話応対

電話応対

● 電話応対の大切さ
会社での電話応対は、企業の印象を左右する重要なマナーであり、丁寧で礼儀正しい対応が求められます。

1. 電話の出方
   ➢ 速やかに出ること
   ➢ メモの準備をし、3コール以内に出ます。
   ➢ 名乗りと挨拶
   ➢ 「ありがとうございます。○○株式会社、△△部の□□□でございます。」

2. 話し方
   ➢ 明るく、はきはきと
   ➢ 敬語を適切に使います。

電話応対

3. メモを取ること
   ➢ 要点を漏らさないこと
   相手の名前や要件、連絡先など重要な情報はメモを取りながら対応します。

4. 不在時の対応
   ➢ 伝言をしっかり聞き確認すること。
   担当者が不在の場合は、代わりに伝言を預かります。

5. 切り方
   通話が終わったら「失礼します」と一言添え、相手が電話を切ったのを確認してから電話を切るようにします。

電話応対1

会社での電話応対は、企業の印象を左右する重要なマナーであり、丁寧で礼儀正しい対応が求められます。会社の顔となる自覚をもって対応するようにします。

電話応対2

電話応対の基本的なマナーと心得を示します。全員がこのような対応をしっかり行うことで、企業のイメージは飛躍的に良くなります。

「パーパスブック」作成ガイド **6**
02 パーパスブックの内容

㉕仕事の進め方：チームワークの心得・ルール

チームワークの心得

- 目標の共有と協力
  チーム全員が共通の目標を持ち、目標達成に向けて協力すること。
- 支え支えられながら働く意識を持つこと。
  チームメンバー同士の助け合いの意識が信頼関係を深め、連携を強化します。
- 上司・同僚・部下および他部署への感謝を忘れないこと。
- お互いを尊重し、異なる意見やバックグラウンドを受け入れます。

チームワークのルール

- 報連相の徹底
  適切なタイミングでの報告や連絡、相談により、問題の早期発見や解決が図れます。
- ネガティブな発言を控えること。チームの雰囲気を良好に保ち、ポジティブな姿勢を促進します。
- 役割と責任の明確化
  役割を明確にすることで、効率的な業務遂行とスムーズな協力が可能になります。
- 定期的なフィードバックと振り返り
  振り返りの機会が、チームや個人の成長につながります。

チームワークの心得

チームワークの心得は、目標を共有し、支え合い、感謝と多様性を尊重しながら協力することであることを示します。

チームワークのルール

チームワークのルールは、信頼と協力を築くために、目標を共有しながら円滑な報連相を徹底し、各自が責任を果たすことであることを示します。

㉖仕事の進め方：クレーム対応

クレーム対応の心得

- ●冷静さと誠意を持つこと
  感情的にならず、相手の立場に立って誠実に対応します。
- ●傾聴と謝罪
  相手の話を最後まで丁寧に聞き、不快な思いをさせたことに心から謝罪します。
- ●迅速な報連相
  事実確認を行い、直ちに上司や関係部署に報告・連絡・相談を徹底します。

クレーム対応の手順

1. 傾聴
   相手の話を丁寧に聞き、不満や要望を把握します。
2. 謝罪
   相手に不快な思いをさせたことに対し、真摯に謝罪します。
3. 事実確認
   問題の内容を詳細に確認し、個人判断は避けること。
4. 上司や関係部署と協議し対応関係者と協議の上、迅速かつ的確な対応を行います。
5. フォローアップ：解決策を示し、対応後に再発防止策も含めて相手に報告します。

クレーム対応の心得

クレーム対応の心得は、冷静かつ誠意をもって相手に寄り添い、傾聴と謝罪を行い、迅速な報連相で適切に対応することです。お客様とともに解決する意識が大切です。

クレーム対応の手順

冷静に真摯に事実を見極め、個人判断で動かないようにすることが大切です。特に、安請け合いや安易な約束をしないようにすることが肝要です。

「パーパスブック」作成ガイド **6**
02 パーパスブックの内容

㉗規定のパート：セクシャルハラスメント

セクシャルハラスメント
● セクシャルハラスメントは、働く仲間の個人としての尊厳を不当に傷つける、社会的に許されない行為です。この行為は、個人の能力が十分に発揮されることを妨げるだけでなく、会社にとっても職場の秩序や業務の遂行を阻害し、社会的評価に悪影響を与える問題です。 ● 自分自身で気がつかなくても、相手のとらえ方によっては、、無意識のうちにセクシャルハラスメントに該当するケースもありますので気をつけること。

セクシャルハラスメント1

上記以外に相談窓口を示し、ハラスメントにあたるかどうか微妙な場合も含めて安心して相談ができるという一項を入れてもよいです。

セクシャルハラスメント
以下の行為はセクハラです。 1. 性的な冗談、からかい、質問 2. わいせつ図画の閲覧、配付、掲示 3. その他、他人に不快感を与える性的な言動 4. 性的な噂の流布 5. 身体への不必要な接触 6. 性的な言動により社員等の就業意欲を低下させ、能力発揮を阻害する行為 7. 交際、性的な関係の強要 8. 性的な言動に対して拒否等を行った部下等従業員に対する不利益な扱いなど

セクシャルハラスメント2

コンプライアンス研修などで理解を深め、意識を高めることも大切です。

㉘規定のパート：パワーハラスメント

パワーハラスメント

パワーハラスメントは、職場の信頼関係を損ね、従業員の心と体に大きな負担をかける重大な問題です。周りの人たちにも不安を与えます。健全な職場環境を保つために、どのような形であれパワーハラスメントは決して許されません。

パワーハラスメント

1. 関わりを避ける行為や排除的な態度、意図的に相手を無視する行為を行うこと
2. 私的なことに過度に立ち入ること
3. 業務上明らかに不要なことや遂行不可能なことの強制、仕事の妨害を行うこと
4. 業務上の合理性なく,能力や経験とかけ離れた程度の低い仕事を命じることや仕事を与えないこと
5. 暴行・傷害等身体的な攻撃を行うこと
6. 脅迫・侮辱・ひどい暴言等精神的な攻撃を行うことなど

パワーハラスメント1

セクシャルハラスメントと同様に相談窓口を示し、ハラスメントにあたるかどうか微妙な場合も含めて安心して相談ができるという一項を入れてもよいでしょう。コンプライアンス研修などで意識を高めることも大切です。

パワーハラスメント2

どこまでがパワーハラスメントなのか、はっきりと判断できない従業員も多いので、コンプライアンス研修などで理解を深め、意識を高めることも大切です。

「パーパスブック」作成ガイド **6**
⓪2 パーパスブックの内容

㉙規定のパート：機密情報に関するルール

機密情報に関するルール

● 機密情報の定義
機密情報とは、業務に関するすべての非公開情報、顧客情報、取引先情報、開発中のプロジェクトや製品情報、技術、営業戦略、財務データ、社員の個人情報などを指します。
● 情報の取り扱い方法
機密情報の取り扱いは慎重に行い、書類やデータの管理、パスワード、暗号化を徹底してください。外部開示も適切な手順で行います。

機密情報に関するルール

● 機密保持義務
社員は在籍中も退職後も、機密情報を他者に漏らしてはいけません。外部漏洩は禁止されています。
● 違反時の対応
機密保持違反には懲戒処分があり、悪質な場合には法的措置もとります。
● 周知と教育
機密情報の重要性を高めるため、社員には定期的な教育を行います。

機密情報に関するルール1

機密情報が会社の信頼と成長を守るために重要なものであるということを、しっかりと理解してもらうことが大切です。全社員がルールを守り、安全な情報管理を心がけるようにしましょう。

機密情報に関するルール2

これら以外に、パソコンやUSB、ハードディスクなどのデバイスについても、機密情報漏洩を避けるためのルール設定が必要です。

㉚規定のパート：競業避止義務 ㉛規定のパート：避けるべき行為

競業避止義務

● 課長以上の管理職や新商品企画・研究開発業務に従事していた従業員が退職または解雇された場合、退職後6ヵ月間は会社の許可なく競業する業務を行うことはできません。 また、在職中に知り得た顧客とは、退職後1年間、会社と競合する取引を行うことを禁じます。

● 管理職や新商品企画・研究開発業務に従事していた従業員が競業避止義務に違反した場合、退職金の全部または一部を支給せず、返還を求めることがあります。

避けるべき行為

1. 規則・法令に違反する行為
2. 虚偽の報告
3. 公序良俗に反する行為
4. 機密情報や個人情報の不正な取り扱い
5. 組織・仲間への著しい中傷や批判
6. 利益相反行為
7. 暴力やハラスメント
8. 不正な取引や贈収賄行為
9. 社会的正義に反する行為
10. 報連相を欠いた遅刻・欠席や報告の遅れ

競業避止義務

特に営業秘密の侵害について、他の行為よりも重い罰則が定められています。不正競争行為に対しては、民事・刑事両面での厳しい対応が取られることになることも伝えておきましょう。

避けるべき行為

従業員として避けるべき行為も示しておきます。ここにあげた項目以外にもいろいろあると考えられます。自社の事業や状況を勘案して項目を考えてください。

㉜規定のパート：入社時の手続き

入社時の手続き
1. 入社日から14日以内に下記書類を提出してください。
2. 履歴書
3. 職務経歴書(中途採用の場合)
4. 同意書
5. 雇用保険被保険者証
6. 年金手帳の写し(基礎年金番号記載ページ)
7. 通勤ルート概要
8. 給与振込依頼書

入社時の手続き
9. 扶養控除申告書
10. 健康診断書（提出日3ケ月以内に受診したものに限る)
11. 秘密保持誓約書
12. マイナンバーカード(又は通知書))の写し
*入社日から14日以内にご提出ください。提出が遅れる場合は、提出予定日を速やかに会社へご連絡ください。

入社時の手続き1

これら以外に出社初日に必要な服装(ビジネスカジュアル等)、印鑑、筆記用具など必要事項を案内します。また、初日は就業開始時刻の15分前に出社するように伝えましょう。

入社時の手続き2

出社初日にパーパスブックを配布します。新入社員が学ぶべき会社のパーパスやビジョン、バリュー、歴史、沿革、その他守るべきルール等必要な事はほぼすべてこのパーパスブックに網羅されています。有効に活用しましょう。

㉝既定のパート：退職時の手続き

退職時の手続き

- 退職について
  やむを得ず退職を検討する場合は、事前に会社の退職ルールを確認し、適切な手続きを進めてください。退職にあたっては、会社や同僚への影響を最小限に抑え、最後まで責任を持って業務を遂行することが求められます。
- 退職手続きと引継ぎ
  自己都合退職の場合は、就業規則に従って、〇日前までに所属長へ退職願を提出してください。
- 業務引継ぎは退職の3日前までに終わるようにしてください。

退職時の手続き

- 退職時に会社に返すもの
  - ➤ 健康保険被保険者証
  - ➤ 会社支給の備品
  - ➤ 社員証、社章、名刺
  - ➤ 制服、作業着
  - ➤ 携帯電話、パソコン
  - ➤ 機密資料が確認できる書類やデバイス
- 退職時に会社から受け取るもの
  - ➤ 雇用保険被保険者証
  - ➤ 年金手帳
  - ➤ 源泉徴収票
  - ➤ 離職票
  - ➤ 退職証明書

退職時の手続き1

諸事情はあるものの、これまで会社で働いていただいた方です。丁寧に対応しましょう。退職時には不要なトラブルが発生しないようにしましょう。

退職時の手続き2

退職後も在職中に知り得た機密情報の守秘義務は継続するので、機密情報の取り扱いに留意し、漏洩防止に努めるようにお願いすることが肝要です。

⑦ パーパス経営で成果を
あげている企業

　本章では、企業がどのような背景や経緯を経てパーパスを策定し、活用・浸透させているか、またその効果について事例をもとに解説します。日本企業だけでなく、発展著しいベトナムの企業も紹介します。

パーパス経営で成果をあげている企業

事例①
ベルテクスコーポレーション

徹底した社員教育により、優れた技術力やマーケティング力を発揮している建築資材メーカー・ベルテクスコーポレーションの事例を紹介します。

◇ 高い技術力によりシェアを獲得

　株式会社ベルテクスコーポレーションは、コンクリート２次製品（コンクリートを工場で形にしたもの）や、がけの斜面土砂落石用防災ネット・フェンスをはじめ多種類の建設資材の開発製造販売を行うメーカーです。

　特に防災、減災製品に力を入れており、コンクリート製品では地下貯留槽やマンホール、防災ネットでは超高エネルギー吸収型落石防護柵など高い技術に裏付けされた独自製品で高いシェアを獲得しています。

◇ 徹底した社員教育により高収益を実現

　売上368億円、営業利益率15.5％（2024年３月期）と、建設資材業界では際立った高収益を実現しています。この背景には、独自性の高い製品を生み出す技術力と優れたマーケティング力があり、それを支えるのが他社には見られないレベルの徹底した教育です。

　同社の土屋明秀社長は、何百時間もかけて８時間超のビジネス教育動画を自ら作成し、1000名を超える全従業員に配布しています。外部教材を使う経営者は多いですが、自身で動画やテキストを制作して配布するのは稀でしょう。社長の情熱が込められた教材は、従業員の学習意欲を高めています。さらに、社内に「ベルテクスアカデミー」を設立し、階層別や部門別の研修を徹底して行っています。

　さらに、同社の社員教育の支えとなっているのが、パーパスブックを活用した取り組みです。2011年から2018年の間に、異なる歴史と文化を持つ４社が合併して誕生した同社では、組織の一体化が課題とされました。これに対して経営陣はパーパスを策定し、全社員に配布するパーパスブックを作成、朝礼でも活用することで浸透を図りました。このような活動により、社員がより一丸となって取り組めるようになり、教育の効果もより高くなります。

パーパス経営で成果をあげている企業 7
01 事例①ベルテクスコーポレーション

　社員は単に給与のためだけでなく、自身の成長を求めて働きます。ベルテクスの教育システムがその期待に応え、社員一人ひとりが大切にされていると感じています。また、同社のパーパスは防災減災製品を通じて安心と安全を提供するという、気候変動に対応する明快で共感を得やすいものです。このような価値観が組織を1つにまとめ、優れた企業文化と財務的成功をもたらしています。

ベルテクスコーポレーションのパーパス

パーパス：「オンリーワンの技術」と「ユニークな発想」で、
　　　　　　世界の人々の未来に　安心の新しいカタチを提供します。
経営目的：「社会貢献」と「社員の幸福」
経営理念：未来の安心がここから～最高の安心を創る『モノ・コト・チエ』～

ベルテクスコーポレーションのパーパスブック

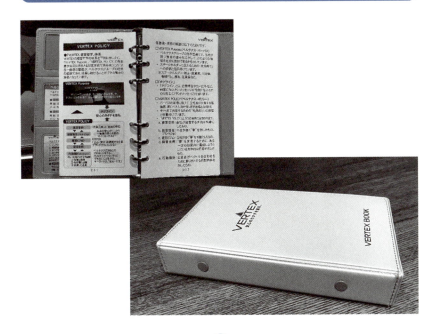

02 パーパス経営で成果をあげている企業

事例② FECON

FECONは、ハノイを拠点とするベトナムの建設会社で、成長著しいベトナム経済と共に急速に発展しています。日本式経営の学習と実践を通じ、ベトナム経済と社会に貢献しています。

◈ 日本的経営を取り入れて実践

　FECONの創業者であるKhoa会長は、2009年にベトナム日本人材開発インスティチュート（VJCC）の経営塾に第1期生として参加し、日本的経営を学びました。VJCCは、日本とベトナム両政府の合意のもと、国際協力機構（JICA）と外国貿易大学（FTU）の協力で設立された国際人材育成機関です。ベトナムの市場経済化を支えるビジネス人材の育成と、両国の相互理解の促進を通じて経済発展に貢献しています。

　VJCCの経営塾は、ベトナム人経営者が経営戦略、マーケティング、人材管理、財務、オペレーションマネジメントに加え、経営理念も学ぶ10カ月の実践的ビジネススクールで、すでに15年の歴史を持ち、1,000名以上の卒業生を輩出しています。特に「人と社会への貢献」をビジネスの目的とする姿勢を重視し、一般的なビジネススクールと一線を画しています。

◈ FECONとコアバリュー

　Khoa会長は2004年に15名でFECONを創業し、同社はこの20年で急成長を遂げて、2024年の従業員数は1,150名になりました。土壌改良、杭打ち、地下工事に強みを持ち、発展するベトナムの地下鉄や高速道路、排水処理施設といったインフラプロジェクトに携わっています。

　第1期経営塾で学ばれたKhoa会長は次のような以下のコアバリューを制定しています。

① 責任感を持ちプロフェッショナルに

② 誠実で率直に

③ 謙虚に学び向上を目指す

④ 情熱を持ち徹底的に取り組む

⑤ 心を合わせて一致団結する

また、FECONはパーパス（ミッション）として「建設とプロジェクト投資を通じて、社会に持続可能な価値を提供するため、常に学び、革新を続けます」と掲げています。

この理念が社内に深く浸透した結果、社員の一体感が高まり、プロジェクト遂行能力が大幅に向上しました。その成果として、FECONは数々の大規模インフラプロジェクトを成功に導いています。

その最も典型的な例として、ホーチミンやハノイで進められているベトナム初の地下鉄工事があります。

このプロジェクトは、道路を埋め尽くすオートバイの交通量や危険な道路横断といったベトナム特有の交通事情を改善することが期待されており、FECONはその実現に欠かせない存在となっています。

FECONは、持続可能な価値の創出とインフラ整備を通じて、ベトナムの未来を支える重要な企業として大きく貢献しています。

◇ 人材育成の取り組み

また、FECONは、パーパス実現に向けた人材育成に力を注ぎ、自社の教育機関の設立や各種研修コースの提供、全管理職を対象とした2日間のマネージャーサミットを実施しています。さらに、Khoa会長以外にも8名の自社経営者をVJCCの経営塾に派遣し、育成に努めています。

パーパスやビジョンやコアバリューを浸透させるために、ハンドブック（写真）もつくり、従業員に配布しているほか、5つのコアバリューを動画にもしています。人を大切にし、社会のインフラ創造を担うFECONは今後ますますの成長が期待されます。

FECON のパーパスブック

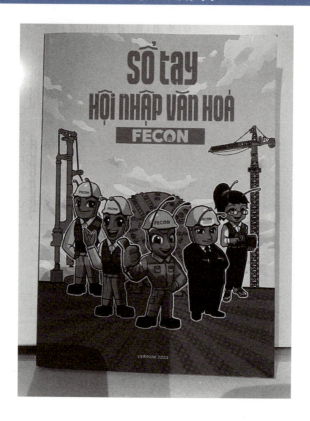

03 パーパス経営で成果をあげている企業

事例③東海バネ工業

多品種微量生産による生産体制と技術力の高さにより成果を上げているばねメーカーである東海バネ工業の事例を紹介します。

◆ 顧客満足を追求し、信頼を築く「東海らしさ」

　東海バネ工業株式会社は、その独自の経営姿勢とパーパスで、業界内で異彩を放つ中小のばねメーカーです。大量発注をする顧客ではなく1個から5個までの微量発注のお客様にフォーカスし、多品種微量生産にこだわります。値引きを一切せず、顧客の要望に対して高い精度と真摯な姿勢で応えています。

　その技術力は非常に高く、宇宙ロケットや人工衛星、スカイツリーの制振用などの部品として使われているほどです。

　同社は創業以来、「バネ一筋で他の会社がやりたがらない仕事を引き受けること」を追求し続けてきました。その理念（パーパス）は「単品のばねでお困りのお客様のお役に立つこと」です。どんなに小さな注文でも99.99％の納期遵守率で、「東海らしさ」を守り、顧客に寄り添う姿勢が貫かれており、これがリピーター獲得につながっています。

　それを支えているのは、卓越したレベルにまで蓄積された職人の技術力と、過去の受注や設計・図面情報をデータベース化し、注文と同時に対応できるITシステムです。また、蓄積された社員のモノづくりの力をさらに高める人事システムも整備しています。

　人事評価制度には、大企業で一般的な成果主義の「相対評価」ではなく、個人の能力向上を重視した「絶対評価」が導入されています。そのために社内技能検定制度や国家資格取得の助成金制度も整備しています。この評価制度を通じて、社員一人ひとりが自身の成長を実感しやすくなり、社員満足度を高める施策が徹底されています。

　その結果、年間売上高19億円、営業利益率9％（2022年度）と競争の厳しいバネ業界の中では非常に高い利益率を生み出しています。

◇ 社員と家族を支える充実の福利厚生と成長支援

　同社は、福利厚生として子供手当や自己啓発助成金制度を導入し、社員とその家族を包括的に支援しています。家族をも大切にし、社員の成長と幸福を重視する企業文化を形成しています。特に子供手当は、第1子10万円、第2子20万円、第3子50万円、第4子100万円ととても手厚いものとなっています。

　創業以来、一度も赤字を出さず、ばね業界において抜群の利益率を誇る同社の成功の背後には、微量受注を大切にするパーパスと人を大切にする経営者の姿勢が見て取れます。こうして築かれた信頼が、日本のニッチ市場をほぼ独占し、今後は海外展開も視野に入れる段階にまで成長を遂げています。

東海バネ工業の主な受賞歴

受賞年月	受賞内容
2004年1月	関西IT活用企業百撰"最優秀賞"受賞
2005年4月	経済産業省IT経営百撰"最優秀賞"受賞
2006年4月	元気なモノ作り中小企業300社認定
2008年2月	一橋大学大学院ポーター賞受賞
2009年2月	「中小企業IT経営力大賞2009」大賞 経済産業大臣賞受賞
2010年5月	第2回日本マーケティング大賞　奨励賞受賞
2015年11月	第6回ものづくり日本大賞 経済産業大臣賞受賞
2018年12月	経済産業省の「地域未来牽引企業」に選定
2022年3月	「日本でいちばん大切にしたい会社」大賞

パーパス経営で成果をあげている企業

事例④ 天彦産業

社員と家族が支えあう文化により、1875年より優れた経営を実線している老舗の特殊鋼専門商社・株式会社天彦産業の事例を紹介します。

◇ 社員第一主義を体現する稀有な企業

天彦産業は、創業1875年の特殊鋼専門商社です。社員第一主義を掲げ、社員と家族の幸福を重視した経営を実践しています。安倍元首相も在職時に訪問した卓越した企業です。

◇ 危機を乗り越え築いた「お互いさま」の文化

天彦産業は、昭和27年に取引先の倒産による月商20倍の不渡りで存続の危機に直面しました。その際、経営者は社員を一人も解雇せず、「社員に優しい会社」を貫きました。金融機関の協力を得ながら、社員や家族とともに困難を乗り越え、この経験が現在の「助けられたら助け返す」文化の礎となっています。天彦産業のメインバンクは今でも当時の金融機関です。

リーマンショックの際には、給与支払いが厳しい状況にもかかわらず、ボーナス支給という大胆な決断が下されました。この決断に感動した社員と家族が一丸となり、業績回復へ向けて全力で支え合い、見事に危機を乗り越えました。

年に一度開催される家族参加型イベント「天晴れカーニバル」は、こうした家族とともに歩む姿勢を象徴する取り組みの1つです。このイベントを通じて社員と家族同士のつながりが深まり、「お互いさま」の精神がさらに強化されています。

◇ 社員第一主義と「3つの幸福(3H)」

天彦産業の経営理念の中心には「社員第一主義」があります。この理念は、以下の3つの幸福(3H)として具体化され、社員や家族、会社全体の幸福を追求しています。

① One's Own Happiness（自分の幸福）

社員が仕事を通じてやりがいや生きがいを感じ、自己実現を図ることが目指されています。同社には、月間ベスト社員賞という賞があります。これは、

その月に最も大きく成長した社員を表彰する制度です。社員同士が互いに評価し合う仕組みとなっており、この相互評価が受賞者に大きなモチベーションを与えるとともに、成長を認め合う文化の醸成に寄与しています。

②Family Happiness（家族の幸福）

社員の家庭を大切にするため、リフレッシュ休暇や配偶者の誕生日休暇など、家族と過ごす時間を確保するための制度が整備されています。また、天彦産業では、子どもの入学式や卒業式、運動会など、家族にとって重要な学校行事を大切にしています。その一環として、学校行事への参加を推奨する半日有給制度を導入し、社員が家族との時間を優先できる環境を整えています。このような取り組みが、家族の信頼と社員の安心感につながっています。

③Company Happiness（会社の幸福）

社員と家族の幸福が実現することで、会社全体の成功や社会的価値の向上が図られるという考え方です。この理念の実践が、社員満足と企業成長を支える基盤となっています。

◇ 女性活躍と人材育成を支える仕組み

男性中心の鉄鋼業界において、天彦産業は女性が活躍できる環境を整えています。産休中に発案されたウェブサービスが海外市場で成功を収め、現在では海外売上が全体の50％近くを占めるようになりました。社員の30％が女性であり、その多くが英語力を活かして国際的な事業を牽引しています。

また、産休や育休制度が充実しており、男性社員も利用できる環境が整備されています。これにより、女性が結婚や出産を理由に退職せずにキャリアを続けられる職場として高い評価を得ています。その結果、女性にとって働きやすく、魅力的な企業となっています。

◇ パーパス経営の模範例として

天彦産業は、「社員第一主義」を基盤に、社員と家族の幸福を追求する経営を続けています。この理念が企業文化として浸透し、社員一人ひとりがやりがいや生きがいを持てる環境を実現しています。その結果、2〜3名の新

入社員募集に対し一時は2000人、現在でも100名以上の応募が集まるほどです。

　社員の幸福が会社の成長や社会貢献につながる同社の経営スタイルは、パーパス経営の模範例といえます。社員満足と企業成長を両立する成功事例は、企業が目指すべき方向性を示しています。

安倍元総理大臣視察の様子

両立支援を行っている中小企業の視察ということで、来社されました。
産前産後休暇（産休）・育児休暇を二回取得し、復帰した女性社員を中心に懇談されました。

樋口会長の「私の拘り」

私の拘り

＊社員がこの会社の
　　役に立っている
　　　　と実感していること

＊社員がこの会社に
　　必要とされている
　　　　と実感していること

05 パーパス経営で成果をあげている企業

事例⑤ Truong Giang SAPA Group（TGG）

先住民族の文化や豊かな自然と調和した高級リゾート開発を進め、持続可能な開発と地域への貢献が注目されているベトナム企業 TGG の事例を紹介します。

◈ 世界で最もサステナブルなリゾート

　　TGGは、標高1600mのベトナム山岳地のサパ（ハノイから車で約5時間）で、高級宿泊施設やレストランを備えた大規模な山岳リゾート施設を展開しています。サパならではの壮大な自然、棚田や山林、川、そして先住少数民族の多彩な文化に触れられる独自の体験が提供されています。

　　具体的には、広大な敷地に172棟のヴィラ、11の大型ホテル、150棟のショップハウスを備えた一大リゾート施設を運営・開発しています。プロジェクト完成は2030年の予定で、現在3分の1の施設が営業を開始しています。営業開始の2016年以降、健全な経営を維持し、数々の国際観光賞を受賞し、2023年には「世界で最もサステナブルなリゾート」として表彰されました。従業員の90%を先住民族で占め、教育や雇用の機会を提供し、地域社会の発展に貢献しています。また、環境に配慮した建設と文化保存にも力を入れています。

◈ 創業理念と経営哲学

　　TGGの礎には、創業者で会長のKhuc Minh Hoang氏の強い信念があります。元大学講師のHoang会長は仲間と共に15年間サパの未開地に住み、6つの少数民族の文化を深く理解し、土地や自然環境に対する学びを重ねてきました。彼にとっては未知の経験でしたが、サパの伝統と文化を反映した開発を実現するために、土地と人を熟知することが重要だと考えました。

　　Hoang会長の創業の志は、希少な高所の美と地元の遺産を融合し、昔ながらの自然に囲まれた中で、地域文化が息づく高級リゾート体験を提供することにあります。また、先住少数民族に教育と雇用の機会を創出し、彼らの文化を守りつつ、持続可能なエコシステムを構築することも重要な使命としています。

◇ 日本的経営の影響と実践

　TGGの共同創業者であるMs. Thanh Nhan Dang氏は、FECONのKhoa会長と同じようにVJCC（ベトナム・日本人材育成センター）経営塾で日本的経営を学びました。そしてHoang会長と共に経営理念を策定しました。各部門で毎朝5分間、従業員と共にパーパス事例を共有し、理念の浸透を図っています。また、経営理念の理解度を人事評価基準に含め、全社的な意識向上を図っています。

　このようにベトナムにおいてもパーパス経営は進められています。そして、持続可能なリゾート開発を通じ、地域と文化を尊重するTGGの未来に期待が集まっています。

TGGの経営理念

ビジョン

ベトナムにおける高級なブティックマウンテンリゾートを開発・運営するリーディングカンパニーになります。

ミッション

自然と文化の保護を核として持続可能なリゾートの建設・運営を行い、先住民族の要素を取り入れたマウンテンリゾート遺産を創造します。

コアバリュー

SUSTAINABILITY（持続可能性）
HONESTY（誠実）
DEDICATION（献身）

06 パーパス経営で成果をあげている企業

事例⑥わく歯科医院

地域密着型の経営と幅広い医療サービスの提供により成果をあげている兵庫県の歯科クリニック・わく歯科医院の事例を紹介します。

◇ 地域密着型のパーパス経営で成果を上げるわく歯科医院

わく歯科医院は兵庫県丹波市にある1927年創業の老舗歯科クリニックで、現院長の和久雅彦氏が3代目を務めています。人口6万人の一部過疎化が進む地域にありながら、40名を超えるスタッフが毎日100人以上の患者に対応し、地域密着型の最先端歯科医療を提供しています。同院は「良心と愛に基づく」という経営理念(パーパス)を基盤に、地域医療の中心的存在として発展を続けています。

◇ 地域に根ざした理念経営と人材育成

和久院長は父親の余命宣告を機に丹波に帰郷し、歯科医療の奥深さに目覚めました。予防歯科の大家である熊谷崇先生との出会いを通じ、歯科医療の公益性や「地方では人を集めるのではなく種を蒔いて育てる」という考えに深く感銘を受けました。この理念に基づき、わく歯科医院では地元の高卒社員を採用し、3年間の理念教育を実施。さらに独自の奨学金制度で歯科衛生士や保育士、言語聴覚士などの資格取得を支援し、資格取得後は専門職として活躍できる仕組みを整えています。

また、歯科業界の人材不足に対応するため、「種まき事業」にも注力。子ども向けの歯科体験イベントや中学生の職場体験、高校生や専門学校生のインターンシップを積極的に受け入れています。地域の子どもたちが将来の医療人材として育つよう働きかけるこの取り組みは、地域医療の未来を切り開く鍵となっています。歯科衛生士の有効求人倍率が全国平均で23倍に達する中、地方での人材育成の意義は非常に大きいといえます。

◇ スタッフ満足度向上と効率的な業務環境の整備

経営の中で、和久院長はスタッフ満足度の重要性に気づき、働きやすい職場環境を整える改革を進めました。まず、5S(整理、整頓、清掃、清潔、しつけ)を徹底し、院内の効率化を図りました。また、以前は診療時間が9時

から20時まででしたが、現在は18時までに短縮し、シフト制を廃止しました。全員が9時から18時まで勤務する形態に変更することで、スタッフの負担を大幅に軽減しています。

さらに、減菌専属スタッフを採用し、歯科衛生士の作業時間を短縮。患者一人あたりの治療時間が効率化され、治療の質と患者満足度の向上を実現しました。この改革により、診療時間を短縮したにもかかわらず、年間患者数は約1.5倍に増加。「患者数が増えているのに以前より仕事が楽」という声がスタッフから上がるなど、ワークライフバランスの改善が医療の質向上と好循環を生み出しています。

また、理念を基軸としたクレド（行動指針）を毎朝復唱し、実践事例を共有する朝礼が行われており、スタッフ間の連携が強化されています。このような仕組みは、理念の浸透とともにスタッフのやりがいや生きがいの向上にもつながっています。親子2代で働くスタッフが複数いることも、従業員満足度が高いことを示しています。

◇ 経営の成果とパーパス経営の実践

わく歯科医院は、「良心と愛に基づく」経営理念をもとに、地域医療の課題に真摯に向き合い続けています。理念を実践する中で、最先端治療への投資が十分可能なレベルの財務成績を達成し、予防歯科や小児矯正に多職種で対応する体制を築きました。また、コロナ禍では地域医療崩壊の危険性を考慮し、思い切って休診を決断するなど、理念に基づく行動を徹底しています。院長は何よりも経営者が理念（パーパス）に基づいて行動している、判断しているということがみんなに見えることが重要だと考えています。

さらに、地域全体への貢献にも注力しており、子どもから高齢者まで幅広い世代が安心して医療を受けられる環境を整備。スタッフが安心して働ける環境が医療の質を高め、患者数の増加といった成果にもつながっています。スタッフと患者の満足度を両立させるこの経営スタイルは、地域医療の未来を切り開くモデルケースであり、理念経営が生み出す可能性を示す好例です。同院の成功は、パーパスを実際の行動に移し、組織全体に浸透させる重要性を物語っています。

わく歯科医院の経営理念

経営理念：

・私たちは良心と愛に基いた行いを通じて、縁ある人々の健康と幸せを創造します

・私たちは物事の原因に対して、発想を柔軟にして本質的・長期的・利他的に取り組みます

・私たちは互いの違いを尊重し、自分が相手の成長と笑顔のために、何ができるのかを探します

わく歯科医院のクレド

クレド No.31 ここに居てくれてありがとう

仲間である、あなたを独りにはしません。

あなたは私たちの心の支えです。

あなたの笑顔に癒されます。

あなたの言葉に励まされます。

あなたの思いやりに涙します。

あなたの夢に感動します。

私たちはいつもそんなあなたを見ています。

体調は悪くないか、落ち込んでいないか、

あなたがしてくれたように、

私もあなたを支え応援します。

わく歯科の仲間に、心から感謝を込めて言いたい。

「ここに居てくれてありがとう」

おわりに

「常識では到底及ばないような高い目標に挑み続けること」

私の周囲には、そんな強い志を持った人々がいます。その圧倒的な志が人を動かし、利他の心から生まれるその想いが、ビジネスを前進させるエンジンとなっています。それがパーパスです。

世のため人のために生きる志は、その人自身を超えて周囲の共鳴者を引き寄せていきます。一方で、そういう志を持てない経営者の方々も多くいます。思わぬ理由で若くして事業を承継した経営者、二代目・三代目の経営者、大企業の事業部長や関連会社の社長、そういった方々は創業者のような志を持てないで経営の任に当たることになる場合があるでしょう。

平たく言えば、そのような経営者のエンジンの馬力は、まだ十分に発揮されていない状態です。経営理念やパーパスが大切であることは頭では理解しているけれど、正直に言えばそこまでの強い思いは持ちにくい——現実にはそういう経営者の方々の方が多いのではないかと思います。

高度成長期には、時代の勢いもありビジネスも拡大して気宇壮大な夢も共有しやすかったでしょう。リーマンショック以降、そういう夢や志のエンジンを私たちは持てなかったように思います。

本書は、小さな出力のエンジンを大きな馬力のものに育てていくための本です。従業員を啓発し共に成長する中で、自らの志や思いを力強く育むための具体的な方法を詳しく解説しています。

松下幸之助氏や本田宗一郎氏も、初めから大経営者や名経営者であったわけではありません。事業の成長とともに、自らを大きく成長させてこられたのでしょう。自身の成長が事業の拡大を促し、事業の拡大がさらに自身を成長させるという好循環を繰り返してこられたのだと思います。その結果、私たちの社会に計り知れない貢献を果たされました。

本書が経営者の皆さまが従業員の皆さまと共に学び合い、成長され、パーパスの実現へと歩みを進める一助となれば、これ以上の喜びはありません。

本書の製作にあたっては、たくさんの方々にご協力いただきました。

　お忙しい中、快く取材に応じていただきました株式会社天彦産業の樋口友夫会長、東海バネ工業株式会社の渡辺良機顧問、医療法人社団わく歯科医院の和久雅彦理事長、株式会社ベルテクスコーポレーションの土屋明秀社長に心より感謝申し上げます。

　また、ベトナムからはFECON CORPORATION の Pham Viet Khoa 会長、Truong Giang SAPA Group 共同創業者の Ms. Thanh Nhan Dang にも非常に親切に取材にご対応いただきました。深くお礼申し上げます。

　さらに、日本とベトナムの経営塾の受講生の皆様には、多くのインスピレーションを与えていただきましたことを、この場を借りてお礼申し上げます。最後に、執筆に専念できる環境を常に支えてくれた妻、松本マヤに心から感謝の意を表します。

2025 年 2 月吉日　松本　康一郎

参考文献

- 相島淑美　2023年『パーパス経営がよくわかる本』秀和システム
- 新将命　2020年『経営理念の教科書』日本実業出版社
- 伊吹英子／古西幸登　2022年『ケースでわかる実践パーパス経営』日経BP 日本経済新聞社
- 岩田松雄　2023年『ミッション─私たちは何のために働くのか』アスコム
- 江上隆夫　2021年『THE VISION─あの企業が世界で急成長を遂げる理由』朝日新聞出版
- 榎本あつし　2019年『働き方改革を実現する「会社ルールブック」』アニモ出版
- 後藤清一　1987年『叱り叱られの記』日本実業出版社
- グロービス　2016年『競争優位としての経営理念』PHP研究所
- 佐宗邦威　2023年『理念経営2.0─会社の「理想と戦略」をつなぐ7つのステップ』ダイヤモンド社
- 坂本光司　2015年『日本でいちばん大切にしたい会社4』あさ出版
- 坂本光司　2016年『日本でいちばん大切にしたい会社5』あさ出版
- ジェームズ・C・コリンズ、ジェリー・I・ポラス　1995年『ビジョナリー・カンパニー──時代を超える生存の原則』日経BP出版センター
- 鈴木祐介　2023年『なんのために経営するのか』かんき出版
- 名和高司　2023年『パーパス経営入門』PHP研究所
- 丹羽真理　2018年『パーパス・マネジメント─社員の幸せを大切にする経営』クロスメディア・パブリッシング
- 薦本真章　2023年『ミッションドリブン・マネジメント─「なんのため？から人を活かす」─』株式会社技術評論社
- 永井恒男／後藤照典　2022年『パーパス・ドリブンな組織のつくり方』日本能率協会マネジメントセンター
- 早瀬信／高橋妙子／瀬山暁夫　2023年『いちばんやさしい「組織開発」のはじめ方』ダイヤモンド社
- 松岡保昌　2021年『人間心理を徹底的に考え抜いた「強い会社」に変わる仕組み』日本実業出版社
- 松下幸之助　1985年『実践経営哲学』PHP研究所
- 森岡毅　2020年『誰もが人を動かせる！─あなたの人生を変えるリーダーシップ革命』日経BP
- 山田敦郎／矢野陽一郎／グラムコパーパス研究班　2022年『パーパスのすべて─存在意義を問うブランディング』
- ロバートE・クイン／アンジャンV・セイカー　2019年『パーパス・ドリブンの組織をつくる8つのステップ』ダイヤモンド社

Index

索引

あ行

天彦産業	197
アンケート調査	84
イノベーション	96
インタビュー	84
ウェイ	10
エンゲージメント	16

か行

株主第一主義	13
基本理念	10
キャリア	159
久保克行	34
グループディスカッション	84
クレド	39
経営戦略	10
経営方針	122
経営方針発表会	151,153
経営理念	10,122
言行一致	88
研修	151,153
コアチーム	77
更新活動	153
綱領	10,43
コンピテンシー	73,102

さ行

ザ・リッツ・カールトンホテルカンパニー	39,100

た行

採用活動	155
ジェームス・L・ヘスケット	33
ジェームズ・C・コリンズ	12,33
ジェリー・I・ポラス	12,33
事業計画	64,73,102,122,151
自社の歴史	81
市場原理主義	13
社訓	10
社是	10
ジョン・P・コッター	33
人事評価	5,7,72,102
新入社員教育	155
ストーリー	100
ソニー	35,93

た行

卓越した企業文化	76
中期計画	64,73
朝礼	44,56,58,145,147,149
東海バネ工業	195

は行

パーパス	10,23
パーパスブック	56,108,140,162,164
パーパスブック委員会	157
パーパスブック説明会	153
パナソニック	43
パフォーマンス	73,102
バリュー	24,98

ビジネス・ラウンドテーブル ········ 14
ビジョナリーカンパニー ········· 12,33
ビジョン ····················· 24,96
広田真一 ······················ 34
部門方針 ················· 47,70,133
部門方針書 ···················· 47
ブランド ······················ 87
ベルテクス・コーポレーション ······ 190

ま行

松下幸之助 ················· 12,13,45
ミッション ··················· 10,23
宮島英昭 ······················ 34
ミルトン・フリードマン ············ 13
ミレニアル世代 ·················· 16
目標管理制度 ··················· 102
モチベーション ··· 22,27,65,86,116,118

ら行

リッツ・カールトンホテル ······ 39,100

わ行

ワークショップ ··················· 84
わく歯科医院 ··················· 202

アルファベット

Corporate Culture & Performance
································· 33
ESG ·························· 20
FECON ······················ 192
MBO ························· 102
One on Oneミーティング
·················· 103,105,134,160
SDGs ························· 20

TGG ························· 200
Truong Giang SAPA Group ······· 200
Z世代 ························· 16

・読者限定「パーパスブックサンプルシート特別版」プレゼント

本文第6章でご紹介したパーパスブックのサンプルの36項目46シートは、基本的な項目の紹介となります。これら以外に参考になる項目のシートを加えた特別版をプレゼント致します。下記より入手してください。

https://bit.ly/3ZCHoeD

●著者紹介

松本　康一郎（まつもと　こういちろう）

松下電器産業株式会社（現パナソニック社）冷蔵庫事業部輸出部マネージャー
シンガポール松下冷機　ゼネラルマネージャー
FCIジャパン株式会社（現エフシーアイジャパン）代表取締役社長
古河AS株式会社　取締役副社長
古河電工産業電線株式会社　代表取締役社長
武州製薬株式会社　代表取締役社長兼CEO

株式会社アウトエッジ　代表取締役
JICA（国際協力機構）経営指導専門家

松下幸之助氏の「人間大事の経営」に感銘を受け、松下（現パナソニック）に入社。その後、シカゴ大学でMBAを取得し、経営を究める道を歩む。規模や業種の異なる4社で23年間トップとして実績を重ねる。外資系の経営者として本社の指示により大規模なリストラをやむなく行い、リストラに反対した自らもリストラをされた経験から「人を大切にする経営」の重要性を実感。

経営理念の浸透、新規事業開発、人材育成に重点を置く独自の手法を確立。撤退寸前で債務超過10億円、8年間連続赤字の企業を、毎年10億円規模の新製品を創出し業界トップメーカーへと再生。さらに、営業利益▲20%の企業を5年間で黒字率8.5%に改善するなど、数々の成果を実現。

現在はこの手法を国内外で300社以上に指導し、JICA講師としても活躍。日本と海外の経営者を支援し続けている。

・株式会社アウトエッジ
　パーパス作成と浸透支援、次世代経営者・幹部育成塾（企業内ビジネススクール）、新規事業開発をサポート致します。
　URL：https://matsumotojyuku.com/

| 図解入門ビジネス 最新 |
| パーパス経営の基本と実践が |
| よくわかる本 |

| 発行日 | 2025年 2月10日 | 第1版第1刷 |

著　者　松本　康一郎

発行者　斉藤　和邦
発行所　株式会社 秀和システム
　　　　〒135-0016
　　　　東京都江東区東陽2-4-2 新宮ビル2階
　　　　Tel 03-6264-3105(販売) Fax 03-6264-3094
印刷所　三松堂印刷株式会社　　　Printed in Japan

ISBN978-4-7980-7304-0 C0034

定価はカバーに表示してあります。
乱丁本・落丁本はお取りかえいたします。
本書に関するご質問については、ご質問の内容と住所、氏名、電話番号を明記のうえ、当社編集部宛FAXまたは書面にてお送りください。お電話によるご質問は受け付けておりませんのであらかじめご了承ください。